十力
文化

十力
文化

教改不能說的秘密

李大任◎著

目錄

教育是人人該關心的百年大計

這本書花了比我預定多好幾倍的時間閱讀。正確的說，應該不只是閱讀，而是思考。作者所觸及的每一個大大小小主題，就已經是能令人沉思不已的課題，更何況作者往往出人意表的觀點，從各種角度觀察分析，又常將我帶入浩瀚的宏觀教育體系中，迴響再迴響。

也許，應該先幫大家介紹一下作者——李大任。大任曾是修讀我教授「台大創意創業學程」的學生。在修課期間，就已是班上很受「歡迎」的同學，原因是我的課程裡，非常鼓勵同學跳出舊有框框想事情，但偏偏聯考至上的教育制度已將大多數同學的腦神經網絡定型化。因此，每次我停下來徵詢同學的意見時，在大家大眼瞪小眼之際，許多同學的眼神就會飄向大任，希望他趕快發言來解除尷尬的場面，而他也每次都沒有讓大夥失望。更精彩的是，他的發言常讓同學覺得大任是否來自火星，因為他觀察點的高度和廣度與一般大學生截然不同，看問題的角度也是離奇的很。偏偏常常發言內容確實是有些道理，發人省思。

也因此當大任將他對教育體系所觀察的點點滴滴匯整成冊，讀起來許多原本大家從沒想過的觀點，一一跳躍而出，頗值得大家思考。也有許多觀點與嚴長壽先生的《教育　應該不一樣》有異曲同工、英雄所見略同之處，也許透過作者與讀者共同的努力，我們可以讓下一代台灣的教育走上正軌。

（作者為國立台灣大學電機資訊學院副院長、創意創業學程中心主任）

陳良基

這是一個「大眾教育學」的時代

民國 100 年 7 月，「北北基聯測」爭議釀成政治風暴，導致臺北市政府教育局局長請辭下台；也就在此時，8 月 2 日，臺北市國中、高中職學生家長會聯合會及全國高中高職家長會長協會等家長團體出面力挺臺北市政府，訴求「維護 100 學年度升讀八、九年級學生的權益」；北市府則立即回應，仍朝續辦方向規劃。

場景轉到教育部關於「十二年國教」政策的公聽會。家長團體對於無法落實「免費」、「免試」的規劃無法接受，頻頻在現場嘲諷官員，直言這個政策沒資格稱為「國教」，只是「基教」（畸教、雞叫），根本在騙老百姓！孩子／家長要的高中職教育，就是免費、免試的國民教育，這樣才能減輕壓力與負擔。這番話一出，掌聲不斷，頗能反映現場心聲。

回顧解嚴以來大約二十年的教育發展，應可以歸納：這是一個「大眾教育學」的時代，主要基調是「公平正義」，主要心聲是「給孩子安心就學／升學的環境」，主要運作形式即是出現眾多的教改團體、家長團體，在體制內外合縱連橫，針對不少教育政策、法令、措施產生影響。

不過，8 月 21 日教育部大門外來了一群高中生，他們組織「反畸形 12 年國教學生聯盟」陳情抗議十二年國教在配套不足情況下倉促上路，要求教育部暫緩實施。這並非中學生關心教育行動的首例，主流媒體沒有忽視，而教育部也給予正面回應，中教司長除說明政策外，十分肯定中學生利用課餘時間積極參與公共事務、勇於表達意見的精神。

除了行動之外，我們也不要忘了言論的力量。家長、學生，或者社會各界人士就教育議題在各種媒體發言，早已是日常事，不過，能夠長期思考體悟進而出書者，仍爲少見。臺大畢業生李大任先生將平日對於重要教育議題（例如十二年國教、明星高中、大學入學考試等）的關心，透過精純思考歷程，化爲論述嚴謹的文字，結集成書，爲「大眾教育學」添一佳作，其言論的影響力値得期待。

教育學原就富含「實踐」的本質，教育議題做為公共議題，自應符合「民主政治」規準，不能逕以專家政治模式操作。臺灣的社會力蓬勃發展，教育議題向來備受矚目，面對「大眾教育學」這端日益多元精彩的參與者，「官方教育學」、「學者教育學」、「專家教育學」（或教師教育學）應善加體認教育學本質與民主政治的規準，主動展開對話，集思廣益。

反思晚近二十年的變遷，樂見「大眾教育學」持續超越卡夫卡筆下 K 的處境，而掌握資源及權勢者不再以「城堡」自居。

（作者為臺北市立建國高中歷史科教師、臺灣師範大學教育學博士）

黃春木

寫在前面：除了「專家」，台灣教育更需要的

如果各位希望從這本書看到什麼「讓台灣的教育起死回生」的改革方案，很抱歉要讓你們失望了。

因爲我不是什麼研究教育的「專家學者」。

不僅如此，我並非教育相關科系出身，也沒修過什麼「教育學程」。

不僅如此，學校開設的任何一門講授教育理論、實務的課程，我都沒上過。

甚至，就連一本像樣的「教育學」專門用書，我都沒有。

跟我相比，現今檯面上主導教育政策的人，他們對理論的了解、實務的掌握，應該都比我強好幾百倍。以現任教育部長吳清基爲例，他本人就是師大教育博士，學教育，教教育，擔任的行政工作也離不開教育。

相較之下，他們才是眞正的「專家」。

相信看到這裡一定有人會問：那你寫這本書是爲了什麼？

我想要透過這本書告訴各位的是：

台灣教育能否革新，不該是全盤委由那些「教育專家」決定，關鍵在於全體社會大衆的自知。

台灣也不缺所謂的「教改方針」，台灣要的是重新反省：我們進行這一連串改革的意義到底是什麼。

求學的這段時間，在多年的觀察，以及「親身體驗」之下，我看到了許多光怪陸離的現象。其中**最讓我感到荒謬的是，倡議教育改革的人時常打者「不要走回頭路」的招牌，但所提出來的改革方案卻完全是在舊有框架中打轉，繞了一大圈又回到原點無法產生新的突破**。

以高中分組爲例，當時的台大主秘廖咸浩在 2009 年 12 月接受媒體訪問的時候，就主張「高中太早分組，是造成大學生忽視通識課程的主因」：

> 廖咸浩指出，學生會有如此態度與高中太早分流有關。他說，高二就分流，導致理、工、醫、農的學生，忽視人文通識課程，到了大二、大三通識才接觸人文課程，沒興趣，也不覺得重要。
>
> 【聯合報 2009/12/09】

但是廖主秘大概沒想過，「高中不分組」其實是原始的高中學制架構，高中分組才是晚近的發展。而縱使改成「分組考試」，也曾一度「恢復」爲不分組招生 (更神奇的是，「高中分組」這件事，從來沒有在課程綱要上明文規定過)。

三不五時就被媒體拿來炒作的「大學不分系」則是另一個例子，這些媒體都散布「大學不分系將成爲新的趨勢」的訊息，只不過他們不曾讓大眾知道，所有採用不分系的院校，「不分系」的招生名額僅相當於「單一科系」的人數。他們更不會讓大眾知道，「不分系」的花樣台大早在 1957 年就玩過了，而且還是「全校總動員」。

「廣設大學」、「免試升學」的主張就更有趣了。原來1967年4月18日，《聯合報》三版就有一篇「落落長」的讀者投書，提出了對大學升學改革的看法(「礙於篇幅」，這裡只摘錄「增加大學錄取名額」這部分):

我願建議教育當局，試倣美國辦法，令凡持有高中文憑的有志上進青年，憑其三年高中成績，分別向公私立大專學院申請許可入學，成績直線甲的學生，將被第一流大專學校所選收，成績甲多於乙的學生，將被第二流大專學校所選收，就是成績最差的，勉強擴大各大專學校的收容量，亦必各有其上進之所，以完成其大學教育這樣能夠作到，則可廢止大專聯考，因加分所遭遇的責難，可一掃而空，我甚盼望教育當局，鼓起任重致遠的精神，創造這樣新的史頁。

有意思吧！如果將這份讀者投書的日期略過不提，文章的論述幾乎就像是90年代的教改宣言。

這些荒謬的現象之所以一再發生，根本的原因就在於我們的觀念出了問題。

所謂「觀念的錯誤」原因大概可以分成幾種——

一種是社會上流傳的錯誤認知。這種情形的產生，除了人云亦云、道聽塗說以外，思維無法「與時俱進」也是主要原因。

比方說，郭台銘「郭董」的成功之所以爲大家所熟知，除了他有錢，還有好一部份的原因是因爲他念的是「後段學校」、「學歷不高」。但是很少有人知道，中國海專在「郭台銘唸書的時代」就是名副其實的「明星學校」。

再舉個例子，大多數人都把學測推甄的問題，歸因於「推甄第二階段對弱勢考生不利」，但實際上，在推甄第一階段放榜的時候，台大的錄取名額，明星高中就占了四分之三。

而面對這樣的困境，教育當於只知道要各校「增加推甄招生員額」，卻從來沒有想過，學測推甄制度原本就是爲「少數」人所設計的，但是現在報名學測的人數已經比報名指考的還多，才會導致原有制度難以應付。

除了社會上流傳的錯誤認知以外，觀念的錯誤也可能是由於教育當局、教育制度決策者爲了特定政策宣傳，「刻意誤導」的結果。

舉例來說，教育部爲了推動「十二年國教」、「高中職社區化」，在 2007 年委託宜蘭高中吳清鏞校長主持《就近與跨區入學高中學生學測成績分析比較研究》專案。根據這份專案的「研究結果」，國中基測成績好的學生選擇就讀「社區高中」，大學學測的整體表現會比進入「明星高中」還好。

但是教育部沒告訴大眾的是，這些學生進入「社區高中」之所以能有如此亮眼的升學表現，多半是因爲這些學校採取「能力分班」的緣故。由此得到一個荒謬的結論：「能力分校」不如「能力分班」，「好學生」還是集中在一塊。

教育當局規劃改革是如此，各級學校的政策施行也就可想而知，「上樑不正下樑歪」、「上有政策下有對策」，因此諸多改革都淪爲「表面功夫」，「理想」與「實際」產生極大的落差。

李家同先生曾寫過一篇文章〈法國菜單〉，文中提到一位老師如何「因材施教」，透過不同版本的數學試卷，讓程度不好的學生也能對學習數學產生信心：

姜老師終於告訴我她的祕訣了，她說她準備了三份考卷，甲種非常難，乙種中等，丙種非常容易。甲種考卷給程度高的同學，乙種考卷給中等程度的學生，程度不好的同學拿到丙種考卷。

這些程度不好的同學每次考試，都拿到至少六十分，對於這些同學來說，六十分已經不容易了。在過去，他們常常在分數上只有個位數，也就是因為他們的分數不錯了，他們開始不再對數學恐懼了，上課的時候，也會注意地聽。

那麼這種「因材施教」的方式放到台灣，又會變成什麼樣子呢？

被打的壓力是全民性的。成績好的同學有好的打法，成績不好有不好的打法。碰到嚴格一點的老師，每個同學依照資質優劣程度各有不同最低標準分，低於標準分以下就得挨打。像我的數學標準分就是九十八分。數學考卷一發下來，如果考題有五十題，表示我還有錯一題的喘息空間。萬一試卷只考三十三題，錯一題立刻變成了必須挨打的九十七分，我等於變相地被要求考滿分。

好學生如此，更不用說成績不好的學生了。最慘烈的狀況往往是一整堂課老師都在打學生，教室變成了刑場。成績太離譜的學生，受不了十幾下的藤鞭，打得在地上連滾帶爬，爬出了教室。老師大喊著：「好，你厲害，知道我不在教室外面打學生。你有種爬出去，就永遠不要再進這個教室來。」學生怕打又怕威脅，把頭轉進來，可是屁股仍然留在教室外面。雙方就這樣僵持著。

這兩段文字可不是什麼小說情境，而是作家侯文詠的自傳《我的天才夢》裡面的真實回憶。

更讓我不能接受的是，當教育當局發現政策實行無法達到既定目標的時候，所想到的不是檢討政策缺失，而是「玩弄統計數字」、欺騙大眾，順便自我催眠。這種現象在2010年8月10號教育部發布的「高中高職多元及免試入學方案新聞稿」便可一覽無遺：

99學年度高中高職共有29萬6,664個入學名額提供予國中生升學，目前經由免試、申請、甄選、直升入學及其他入學管道報到入學之學生計有12萬9,558人，招生達成率達到51.92%，辦理成果如下：

項別	招生名額 A	錄取報到人數 B	招生達成率 B/A
免試入學	55,889	19,650	35.16%
甄選入學	2,509	1,254	49.98%
申請入學	134,639	58,676	43.58%
直升入學	7,501	4,472	59.62%
其他入學	48,998	45,506	92.87%
合計	249,536	129,558	51.92%

另今年各公私立高中職校提供登記分發入學名額達16萬8,418個名額，據統一登記分發中心統計，報名參加登記分發人數為12萬4,416人，預定於8月10下午2時放榜，預估錄取率將可達98%以上。

另依教育部擴大高中職及五專免試入學方案，規畫自101學年度起將免試入學名額占核定招生名額之比率，各公立高中提升至40%，公立高職60%、各公私立五專及私立高中職70%，為十二年國民基本教育之實施做好準備。

首先，別去管「錄取率98%以上」這個數字。要了解高中職的招生情形，只要將登記分發的報名人數扣除招生人數就可得知：

124,416 - 168,418 = -44,002，也就是說全國高中職竟然有四萬多個缺額？

接下來，就讓我們來看看教育部近期推動的「免試入學成果」。根據教育部的新聞稿，自101學年度起免試入學名額占核定招生名額之比率，各公立高中將提升至40%，公立高職60%、各公私立五專及私立高中職70%。

那麼2010年高中免試入學占整體升學比率到底有多少呢？根據同一份新聞稿，高中免試入學的招生名額爲55,889人，而2010年高中職預計招生的人數爲296,664人。根據計算的結果：55,889 / 296,664 = 18.84%，還不到兩成。

另外，教育部宣稱多元入學招生達成率爲51.92%，但如果將那個招生管道不知爲何的「其他入學」扣除的話，實際招生達成率只有41.91%。**重點是，不管其他升學管道成效如何卓著，教育部大力推動的「免試入學」招生達成率才35.16%。**

而且別忘了，上面的35.16%是「總體錄取率」，前提是在所有學校「錄取率相等」的情況下。如果將不同學校的錄取情形分別加以考慮的話，扣除掉明星學校，搞不好有不少學校招不到學生。

所以啦！一個招生比率不到兩成，招生達成率三成五的升學管道，教育部說兩年後要將它的招生比率，各公立高中提升至40%，公立高職60%、各公私立五專及私立高中職70%。你難道不會擔心嗎？

過去我一直相信，只要將現有制度做調整，多數的問題都可以迎刃而解。因爲諸多教育制度的改變，並不需要動到學制、課程綱要，考試升學方案也無需重新規劃，只消一兩紙行政命令就夠了。

多年之後我才明白，正由於錯誤的觀念依舊籠罩，再加上主政者不分藍綠，面對考試升學造成的問題，永遠都是「只看到現象，不探討原因」——只想辦法解決「表相」，不知到底哪些該改革，哪些不用調整。所以部長換了好幾任，甚至「政黨輪替」都輪了兩番，只見除了教改規劃繼續打高空以外，這些可以輕易解決的問題仍然「不動如山，原本是座山」。

由於這些觀察、經歷，我希望藉由這本書，針對大學學測推甄、十二年國教、國中基測、校系選擇、高中分組等議題，發表我的看法。

這本書不單是一本教育評論，它也是一位「過來學子」對自身求學生涯觀察、甚至直接面對的考試升學現狀，所做的全盤回顧。

有別於市面上所見到的教育評論書刊，**這本書的最大特色在於：公開的資料，全新的詮釋**。這個概念其實是源自李敖在《李敖快意恩仇錄》上的一句話：「何必搞內幕呢？我們只要精通公開的資料，再賦予新的詮釋，就非常有趣了。」也因此，除了少數需要透過學術報告說明的部分以外(像國中基測的部分，沒有中研院林妙香研究員的〈90-93年度國中基測量尺及等化程序之個案研究〉，你根本不知道「舊有基測計分方式」到底出了什麼問題)，絕大多數的資料，都可以從教育部的新聞稿、學校的官網、媒體的報導、或舊有報刊中找到。

因為我希望透過我的詮釋，讓檯面上主導教育政策的人明白，他們的「理想」、政策期待，與一般家長學生的眼中所見、各級學校的實行狀況，有多大的落差。

我也想讓所有為考試升學煩惱的家長、學生，以及所有關心教育的人知道，只要用我的方法，任何一個人都可以針對官方所提供的數據，作出精準的判讀，分辨出哪些是宣傳、實際情形又是怎麼一回事。

期待本書的問世，能將各位對於升學考試的既有觀念徹底扭轉過來。

你過得了推甄第一階段嗎？

對於現有學測推甄制度，大多數人的看法不外乎是「第二階段考試對弱勢學生不利」或是「推甄錄取人數太少」，但實際上，明星高中在推甄第一階段與第二階段的錄取比率並沒有太大變化；反過來說，社區高中的學生之所以「競爭不過名校的學生」，是因為他們大多數早在第一階段就已失去爭取入學的機會了。

大學學測出了什麼問題？

如果大學學測不要探討它的計分方式的話，基本上它的命題，尤其是國文三篇不同形式的作文、英文看圖說故事的評量，就我個人而言，其實是滿不錯的。很無奈的，因為學測的計分，再加上推甄的篩選方式，使得整個考試變成了一套「只問級分，不管一切」的制度。

接下來我會將學測計分方式與推甄第一階段篩選的缺失分成兩篇文章來討論。然而在此同時也希望大家能夠了解，學測推甄其實是相互連貫、不可分割的考試方案。

✦ 學測分數怎麼算

基本上學測所採的是一種「半相對值」（比起國中基測「量尺分數」的調分方式要有規則多了），根據大考中心提供的資料（這些資料各考生在簡章上就可看到），可知計分方式是如此規定——

級距：以各科到考考生，計算其原始得分前百分之一考生（小數無條件進位，取為整數）的平均原始得分，再除以 15，並取至小數第二位，第三位四捨五入，作為各該科之級距。

級分：原始得分 0 分為 0 級分，最高為 15 級分，缺考以 0 級分計。各級分與原始得分 X、級距（L）之對照表如下：

級分	原始得分範圍	級分	原始得分範圍	級分	原始得分範圍
15	14L ＜ X ≦滿分	10	9L ＜ X ≦ 10L	5	4L ＜ X ≦ 5L
14	13L ＜ X ≦ 14L	9	8L ＜ X ≦ 9L	4	3L ＜ X ≦ 4L
13	12L ＜ X ≦ 13L	8	7L ＜ X ≦ 8L	3	2L ＜ X ≦ 3L
12	L ＜ X ≦ 12L	7	6L ＜ X ≦ 7L	2	L ＜ X ≦ 2L
11	10L ＜ X ≦ 11L	6	5L ＜ X ≦ 6L	1	0 ＜ X ≦ L

註：舉例說明，假設某科級距是 6，0.01~6 分就是 1 級分，2 級分則是從 6.01 起跳。

這種計分方式的「特色」在於，只要級距波動幅度不大（例如從「5」變成「8」），縱然「可錯題數」會出現變動，但是「兩兩級分間」還不至於有多大差距。

從以上這些資料，我們可以得到什麼結論？

1. 寧爲「15」尾，毋爲「14」頭？

也許教育當局只有想到單科十五級分的設計下，可以模糊同級分考生的分數差異，卻忽略了於此同時不同級分的考生差距被突顯出來後，對考生造成的影響。就像李家同先生所質疑的：「假如我考八十九分，我不會太在意，可是如果九十分是甲，八十九分是乙，我一定懊悔不已。」①

「差一個級分」的分數差距幅度究竟有多大呢？以 2010 年自然科（級距 8.1）爲例，如果兩個考生「差一個級分」，這兩個人的分數可能只差一分（多選題錯一個選項），但也有可能兩人之間存在著十五到十六分的差距。如果這兩個人分別是 14、15 級分的話，兩人之間的分數差距甚至可以高達 22 分！

① 這段文字出自李家同的文章〈大考分發，志願高低應取消〉

結果，本來應該是緩和考生差距的計分方式，看起來反倒是變相「鼓勵」大家：寧爲「15」尾，毋爲「14」頭？

2. 數學科「一科定江山」

之所以會這樣講的原因在於，數學科「一題」對級分的影響，非其他科目所能相提並論。

基本上，在數學科命題改變之前，計分方式就是「總題數二十題，一題五分，其中多選錯一個選項扣兩分半」。面對「十五級分」的學測，所產生的結果就是：兩兩級分的間距都在一兩題內，也就是說，通常一題（最多兩題，多選則是兩到三個選項）就可以決定一個級分。

我們就以 2010 年學測爲例，根據大考中心給的資料，數學科（級距 6.32）10~15 級分（後面的可依此類推）的「計分」爲：

級分	15	14	13	12	11	10
最低分	88.48	82.16	75.84	69.52	63.2	56.88
最多可錯題數	2	3	4	6	7	8
（兩級分間）可錯題數差距	X	1	1	2	1	1

而前面提到關於學測計分的「特色」，放在數學科可能就是種「災難」。以 2006 年學測爲例，級距 6.67（換算成原始分數的結果就是「100 分」，眞不知是那年題目太簡單，還是那年考生都「吃錯了藥」）的情況下所產生的「結果」：

級分	15	14	13	12	11	10
最低分	93.99	86.72	80.05	73.38	66.71	60.04
最多可錯題數	1	2	3	5	6	7
（兩級分間）可錯題數差距	X	1	1	2	1	1

（幾乎可說是「一題定江山」）

這種現象在學測的其他科目是無法想見的。

3. **重點是「級距掌握在誰手上」**

而大學學測的所有問題比較起來，「十五級分」、以及數學科「一科定江山」造成的影響都還是其次，最大的問題是出在單科級距的劃定方式。既然單科級距是掌握在前 1% 人的手上，前 1% 的分數高低，才會影響級距的波動。

題目出得難，雖然大多數的人會因而分數下降，對整體而言，不過就是「五標下降了」。比方說某科過去頂標是 13 級分，可能今年就下降到 12 級分，而級分是不會因其他人而有所變動的；反之，則頂標就有上升的機會。所以有沒有注意到，考題的難易主要影響到的是「五標」，級分反倒是其次。

簡單來說，如果考生不是前 1% 的人，他的分數就只能受制於人。當然考題的難易所造成的級距波動也並非沒有影響，不過受影響的，只有原始分數夾在兩級分中間的人而已。

✦ 以前總級分 50 級分都沒事，現在 75 級分問題一堆？

其實，學測推甄不是現在才有的考試方案，早在 1994 年就已經實施了，而一開始的時候單科也不過才十級分，當初舉辦學測推甄的時候也都好好的，現在每一科都多了五級分，實行起來怎麼反而問題重重？這可以從兩方面來談。

一個是時代的變遷。大學學測本來是爲少數參與推甄的人設計的，在舉辦推甄的頭一年，報名學測的人數還不到報

名聯考人數的十分之一，這套考試方式自然不會有多大的問題。然而隨著推甄名額的放寬，報名學測的人數也愈來愈多，到了「末代聯招」那一年，報名學測的人數反倒成爲了「大多數」，而指定科目考試舉辦後，部分科系要求加看學測成績，更是強化了此一現象。在報考人數倍數成長的情況下，現有的考試方案自然無法應付。

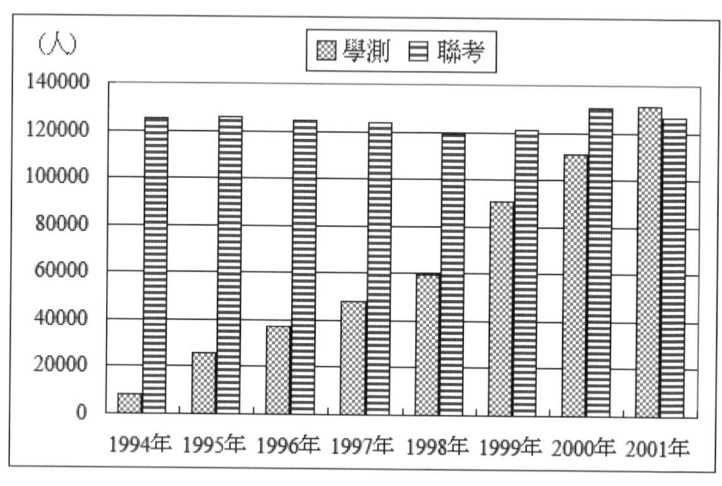

（學測、聯考報名人數比較圖）

個人申請制度的出現也是學測報名人數成長的關鍵。在還沒有個人申請制度的時候，一個人推甄只能報名一個校系，而且由於名額限制，還必須要先和同校的競爭，參與學測的人也就有限。「個人申請」既不必在考前爲了爭取分配名額先在校內廝殺一番，可以選擇的校系也不只一個；更重要的是，報名個人申請的仍然可以參加大學推甄。選擇增加的結果，也使得大學學測競爭更爲激烈。相對來說，「75 級分」的學測甄別意義則愈來愈不明顯，到最後使得學生變成只爲分數競爭——成績好的可以「重榜」，成績不理想第一階段一個志願也上不了。

你過得了推甄第一階段嗎？

在討論推甄的問題之前，我想先問各位：學測成績占推甄比率多少？ 50%？ 70%？還是……？

視各系而定？很抱歉，這樣的「答案」（雖然有沒有回答都沒差）只能算「對了一半」，而「剩下的一半」是：在**通過第一階段以前，學測的「影響力」遠超過「百分之百」。如果考生第一階段沒過關，剩下的什麼「個人特質」、「企圖心」……統統與他無關。**

接下來，我就利用甄選入學委員會提供的《99 學年度大學甄選校系簡章》，證明給各位看看，推甄第一階段如何「放大」學測的影響（以下皆以台清交成政等名校，特別是以台大的校系做為說明來源。非關個人好惡，僅藉以突顯推甄制度之問題所在）。

以往我們通稱的「大學推甄」包含了「個人申請」與「學校推薦」兩部份。兩者的差異在於，「學校推薦」每人只能報名一個科系，而且要先經過高中校內篩選，其他的甄選方式和「個人申請」並沒有兩樣。另外由於「繁星計畫」的實施，自 2011 年起，「學校推薦」已取消辦理，其招生名額則併入「個人申請」中。

照理而言，由於學測的計分方式是較為「概略」的，它的「分數」就應該只是做為一個基本門檻。也因此，正確的作法應該是，考生的學測成績僅需通過系所設立的「標準」（例如：頂標、前標……）即可。（能否進入第二階段）剩下的部分則可以學研究所推甄「以個人書面資料」做篩選方式；甚至，更簡單一點，以考生在校成績與排名做篩選依據亦可。

然而在第一階段不採計在校成績等相關資料的情況下，學測成績就承擔第一階段把關的重責大任了。

✦ 篩選倍率：多少人能進下一階段

在這裡就出現了一個名詞：篩選倍率。這個「篩選倍率」的意涵，簡單來說，就是能進入第二階段的人數是招生名額的幾倍。

台大國企		採計科目	英文	數學	總級分
招生人數	學校推薦：8 人	五標	頂標	頂標	X
	個人申請：25 人	篩選倍率	X	X	2

以台大國企爲例，學校推薦 8 名、個人申請 25 名、篩選倍率是 2 且採計總級分的情況下，代表能進入第二階段的考生總級分排名在所有申請者中學校推薦前 16、個人申請爲前 50 名。

這樣子的結果，雖然是以學測級分作爲篩選依據，然而「預計甄試人數」與錄取人數還保有一定倍數關係，也就稍微緩解了學測的影響性。

但是科目採計的多寡是由各校系所決定，有點類似指考的採計方式——各校系選擇各自著重的科目。那麼「採計科目過少」呢？像有的科系就刻意只看兩科：

清大物理（物理組）		採計科目	國文	英文	數學	自然
招生人數	學校推薦：4 人	五標	前標	前標	X	X
		篩選倍率	X	X	3.5	3.5
	個人申請：23 人	五標	前標	前標	X	X
		篩選倍率	X	X	2.5	2.5

甚至有科系僅採計單科的——

政大英語，知道哪一科是重點了吧！

政大英語	採計科目	國文	英文
招生人數 個人申請：24 人	五標	均標	均標
	篩選倍率	X	3

台大植微		採計科目	英文	自然
招生人數	學校推薦：4 人	五標	均標	均標
	個人申請：2 人	篩選倍率	X	4

台大植微，「自然」的分量不輕呀！

這種類似指考當初的採計方式，同樣要面臨到當初指考「甲案」、「乙案」、「丙案」所面對的問題：很多考生不知道自己的成績落在哪裡。而推甄唯一的「好處」，僅在於「申請沒過還有指考」而已。

✦ 多重篩選倍率：一層層扒考生的皮

然而，上述的問題還只是其次，推甄的篩選機制最可怕的地方在於：「不同科目」可以有「不同篩選倍率」做爲採計方式。關於不同倍率的篩選方法，推甄簡章是這麼介紹的——

倍率篩選：

係指校系以某一學科（術科）或某幾學科（術科）之測驗級分數（含總級分）或分數，由倍率高者篩選至倍率低者，以篩選出某倍於預定招生名額之學生人數（即招生名額 X 最低倍率）參加指定項目甄試；倍率相同之學科（術科），以其級分（分數）之和進行篩選。

在篩選過程中（最低倍率除外），如因考生某級分（分數）相同，致某倍率之實際篩選人數超出預計篩選人數時，則該級分（分數）之同級分（分數）考生一律參加次一倍率之篩選。

以台大藥學系爲例，個人申請招收 8 名、第一個篩選倍率是 4 的情況下，自然科成績必須在所有申請者當中排名前 32 名，不過這並不代表你能通過第一階段，因爲還有數學與英文沒比較。在數學倍率是 3 的情況下，通過自然科篩選的前 32 名申請者，數學成績必須要排名爲「其中」前 24 名才能通過「數學」科的篩選。同理可知，能夠進入第二階段的（也就是通過英文篩選的），英文成績需要爲「通過數學篩選的前 24 名申請者」當中的前 16 名。

台大藥學		採計科目	國文	英文	數學	自然
招生人數	學校推薦：5 人	五標	前標	前標	前標	頂標
		篩選倍率	X	2.5	3	4
	個人申請：8 人	五標	前標	前標	前標	頂標
		篩選倍率	X	2	3	4

而更重要的是，「同分」的問題我們還沒算在裡面。

所以，講了那麼多，有誰能告訴我：要通過台大藥學的第一階段，英文、數學、自然三科各需要大約多少級分才夠？

而這種「多重篩選倍率」的運用，台大戲劇可說是一個「經典」，因爲國、英、數、自、社加上總級分就有五個篩選倍率，幾乎所有科目都「派上用場」了：

台大戲劇		採計科目	國文	英文	數學	社會	自然	總級分
招生人數	學校推薦：1人	五標	前標	前標	均標	均標	均標	X
		篩選倍率	5	5	10	15	15	8
	個人申請：9人	五標	前標	前標	均標	均標	均標	X
		篩選倍率	5	4	10	15	15	8

或許有人會說台大戲劇並非熱門科系，不能做爲代表，OK，那麼我們就換幾個「還算熱門」的科系來看：

台大牙醫		採計科目	國文	英文	數學	社會	自然
招生人數	學校推薦：1人	五標	前標	前標	頂標	均標	頂標
	個人申請：3人	篩選倍率	4	5	6	X	7

台大公衛（不含申請）	採計科目	英文	數學	自然	總級分
	五標	均標	X	均標	X
招生人數：5人	篩選倍率	5	6	3	10

這種作法並非台大的「專利」，其他名校也同樣有份：

政大國貿	採計科目	國文	英文	數學	總級分
招生人數 個人申請：30人	五標	均標	前標	前標	X
	篩選倍率	5	4	3	6

政大資管		採計科目	國文	英文	數學	社會	自然	總級分
招生人數	學校推薦：1人	五標	前標	前標	前標	前標	均標	X
		篩選倍率	4	6	5	2	X	7
	個人申請：9人	五標	前標	前標	前標	均標	前標	X
		篩選倍率	4	5	6	X	2	7

陽明牙醫		採計科目	英文	數學	自然	總級分
招生人數	學校推薦：8人	五標	頂標	前標	前標	X
	個人申請：8人	篩選倍率	4	2.5	3	6

如此一科一科砍下去，對考生而言實爲一痛苦之事，但這可不代表「兩科兩科砍」就會比較好過：

清大計量財金		採計科目	國文	英文	數學	自然
招生人數	學校推薦：4 人	五標	均標	均標	均標	均標
	個人申請：28 人	篩選倍率	3	2	2	3

成大交管		採計科目	國文	英文	數學	自然
招生人數	學校推薦：3 人	五標	均標	前標	前標	均標
	個人申請：18 人	篩選倍率	5	3	3	5

如果你是申請的考生，想想看你要被剝幾層皮？

✦ 獨門暗器：同級分超額篩選

然而就算通過所有篩選倍率，就篤定可以進入第二階段嗎？這可是有待商榷的。舉例而言，下表是台大物理的甄選方式：

台大物理		採計科目	國文	英文	數學	社會	自然
招生人數	學校推薦：1 人	五標	前標	前標	X	均標	X
	個人申請：3 人	篩選倍率	X	X	6	X	3

縱使你程度好，數學、自然都拿到滿級分，單憑這樣就可以拿到台大口試的入場券嗎？如果可以，台大物理的「二類前三志願」招牌也可以拆下來了。

事實上，有別於指考部分校系僅採計三科以招收單一領域（單科）表現突出的學生，明星校系之所以敢以一兩科做篩選標準，是有所憑藉的。而他們所依恃的就是總章裡關於「同級分超額篩選」的規定——

依校系所訂之最低倍率做倍率篩選，因考生某級分（分數）相同，致篩選出的人數大於校系原訂參加指定項目甄試的人數時，該級分（分數）之同級分（分數）考生以學科能力測驗總級分再篩選一次。如總級分仍相同致超額時，則其同級分（分數）超額之考生一律取得參加指定項目甄試之資格。

這個規定在校系分則是看不到的。若考生僅將目光集中於校系分則，就會忽略掉這個可以扒人一層皮的「暗器」。

也許有人會懷疑這樣的篩選倍率「很笨」、「很麻煩」：爲何不在最後一科的倍率篩選時，就將總級分一併加入？這樣不是比較省事些？

但是，教授的腦袋可不是這麼想，他們要的是「招到好學生」，至於「麻煩與否」，那是甄選委員會（不對！應該說是「委員會裡面的電腦系統」）的事。他們在乎的是：上述兩種方法，哪種能在第一階段收到他們的「目標學生」。

我們就以前面提過的政大英語（該科系是採計「單科」的代表）與台大森林的個人申請部分做對照。不同於政大英語，除了台大森林採計單科外，也同時將總級分一併列入同一篩選倍率：

台大森林（不含推薦）	採計科目	國文	英文	數學	社會	自然	總級分
	五標	均標	均標	均標	均標	均標	X
招生人數：16 人	篩選倍率	X	X	X	X	3	3

現在問各位一個問題：「政大英語進入第二階段的，英語統統滿級分」與「台大森林進入第二階段的，自然統統滿級分」，哪一個機會較大？

這樣大家也許還看不出來，沒關係，我們改用「指考簡章的編排方式」來呈現，兩校系學科採計方式的差異就能一目了然了：

學系	學科能力測驗 檢定項目及標準	學科能力測驗 採計科目及方法	同分參酌順序	
英國語文學系	國文（均標） 英文（均標）	英文 ×1.00	1	總級分
			2	
			3	

（政大英語）

學系	學科能力測驗 檢定項目及標準	學科能力測驗 採計科目及方法	同分參酌順序	
森林環境暨 資源學系	國文（均標） 英文（均標） 數學（均標） 社會（均標） 自然（均標）	國文 ×1.00 英文 ×1.00 數學 ×1.00 社會 ×1.00 自然 ×2.00	1	總級分
			2	
			3	

（台大森林）

看完兩校系的科目採計方式經由「指考簡章編排」後產生的差異，現在再問各位一次：「政大英語進入第二階段的，英語通通滿級分」與「台大森林進入第二階段的，自然通通滿級分」，哪一個機會較大？

你能怪這些明星校系採用單科、一科一科來剝考生的皮嗎？

「同級分超額篩選」到底有多嚴重呢？以 2010 年大學推甄為例，台大、清華、交大、政大「同級分超額篩選」的科系，都超過各校參與推甄科系組合的百分之七十，陽明也超過半數。

	參與推甄的科系組合	超額篩選的科系 ②	占整體比例（%）
台大	111	83	74.8
清華	48	36	75
交大	49	39	81.6
政大	50	40	80
陽明	11	6	54.5

② 表上所列的科系數量由於將總級分單獨做爲最後一個篩選倍率的科系先行扣除，因此會與大學甄選委員會公布的系所數量有所出入。

將總級分與某些「單科」列為同一篩選倍率，沒有錯，也可以招到單領域有較突出表現的學生，但是不保證能招到「單領域滿級分的學生」。**也許有人會質疑，級分的概念是粗略的，尤其是對兩級分之間的「邊緣考生」而言；但是別忘了，同一級分的考生數量也是非常多的，少則幾千、多則幾萬。人嘴兩塊皮，你相信哪一種說法？**

✦ 脫褲子放屁：總級分篩選放前面

而像台大物理、政大英語這樣的招生採計方式，還另外衍生出了一種「變種」，台大外文就是個典型：

台大外文		採計科目	國文	英文	社會	總級分
招生人數	學校推薦：6 人	五標	前標	頂標	均標	X
	個人申請：27 人	篩選倍率	X	2.5	X	4

這種篩選方式，就是在單科之前，再放一個「總級分」的篩選倍率。兩者的區別就是，「單科篩選」是從所有申請者中，篩選出該單科排名的前幾名，而「單科篩選前面再放個總級分」，則是從通過「總級分」篩選倍率的人，篩選出該單科排名的前幾名。

對於明星校系而言，不管用「單科篩選」還是「前面再放個總級分」，到最後的結果不都還是要用總級分再篩選一次？這種「單科篩選再外加總級分」的篩選方式是不是有點「脫褲子放屁」？

脫褲子放屁二號？

台大會計		採計科目	國文	英文	總級分
招生人數	學校推薦：16 人	五標	均標	X	X
		篩選倍率	X	1.5	3
	個人申請：32 人	五標	均標	X	X
		篩選倍率	X	1.5	5

而像台大電機等「前幾志願」則又代表了另一種類型，不管這個科系要篩選的科目是一科還是數科、所採用的是「單一篩選倍率」還是「多重篩選倍率」，十之八九到最後都要進入「總級分」的篩選，也就幾乎宣告前面所有的篩選皆形同虛設 (另外，像台大醫科的申請入學，滿級分已經可以說是該系的「公定標準」，早已超出我們的討論範圍之外了)。

當然，現在有很多校系也發現了「多階段單科篩選」的問題，所以即使強調某些科目的表現，他們也改採「多科、單一倍率」的方式進行，以減少學生的「苦痛」。只不過這能算是明星校系的「恩惠」嗎？有「總級分」做最後把關，在這道「保險」下，這些明星校系絕對不會吃虧。

這就是告訴我們：**無論篩選方式如何五花八門，學測推甄是只有明星校系才玩得起的方式。**

繁星計畫到底行不行？

拋開篩選制度的問題不談，由於「學校推薦」與「繁星計畫」的重疊性，以至於出現以「繁星」取代推甄的「學校推薦」的決定，由於這項變革自 2011 年起正式上路，所以在這裡也有必要從繁星計畫的發展過程、分發模式等，對繁星計畫做一番探討。

✦「繁星計畫」怎麼形成的？

在談「繁星計畫到底行不行」之前，我要先帶大家了解「繁星計畫」到底是怎麼一回事。在 2007 年《商業周刊》第 1013 期〈各校半推半就 繁星計畫美意打折〉這篇專題報導，就針對繁星計畫的來龍去脈做介紹，全文重點如下：

1. 「繁星計畫」一開始是清大主導的教育實驗，理論基礎來自「美國教育測驗服務中心」（ETS）提出的統計。根據統計結果，美國大學生「高中在校成績表現」與大學成績表現的相關性，比「SAT 考試分數」來得高。也就是說，高中功課好的學生，比起入學考試高分的學生，進入大學後成績好的可能性更大。

2. 根據這個理論，清大先從清大過去幾年入學者的學測成績統計中，歸納出大致可代表平均程度的「二頂三前」③。全臺灣所有高中只要有畢業生符合「學測二頂三前」、「高中成績前 5%」，以及操行成績過 80，而且三年都就讀同一學校的，都可推薦一名給清大。

③ 學測五科有兩科達到「頂標」，另三科「前標」。

3. 當時教育部也在討論能不能透過立法讓偏鄉高中學生有機會讀好大學。清大的 idea 就在教育部倡導下，於 2006 年 11 月決定，將繁星計畫擴展到其他獲得「五年五百億」補助的學校，由台大統籌辦理，清大仍獨立招生。其中，陽明及政大原本不打算參加，直到最後一刻才在主管機關道德勸說下加入。師大未獲五年五百億補助，而在此計畫缺席。

4. 2007 年 3 月，清大的獨立繁星招生率先放榜，錄取率達 97%。一週後，台大、陽明、政大等十一校的繁星計畫也一齊放榜，錄取率爲 14.7%。

《商業周刊》報導至今大概有三年的時間，但是這兩三年來我們只聽到外界一面倒的讚揚繁星計畫如何「造福偏遠地區的學生」，而「反對者」最多也只是在「齊頭式平等」這方面作作文章，絲毫不見對「制度本身」的探究。《商業周刊》的報導也就像丟進池塘的小石頭一樣，激起一陣漣漪，可是再也沒有下文。

令人擔憂的是，「繁星計畫」與「學校推薦」合併之後，繁星計畫本身的問題就要正式浮上檯面而大家都渾然不覺。接下來我將先從繁星計畫「本身的問題」著手，再回頭探討繁星計畫是否有存在的必要性。

那麼，繁星計畫最大的問題又是什麼？

它不在於錄取生是否會放棄錄取機會改參加推甄指考，因爲可以用制度來解決（事實上到後來也是如此）。繁星計畫成爲名校學生落點的策略備案、錄取的學生是名校的中段生也是學校的問題，因爲從繁星計畫全面實施開始，學生在學校的排名一直都是各校分發的第一順位。

「長春藤高中的造假事件」對繁星的確造成很大衝擊。除了「學校成績單」的眞實性以外，不同老師的分數拿捏標準也會影響一位學生的排名。但，這也是其次。

繁星計畫最大的問題是在，一開始它的「分發流程」的設計上就有毛病了。

✦ 怪異的分發流程：「推甄一階」和「填志願」的混合體

根據《99 學年度大學繁星計畫招生簡章》總則，可以了解，繁星計畫的分發與推甄第一階段的不同之處在於，只有「分發比序相同者」才有進行「下一分發比序」的比較，不像推甄時所有考生都要經過所有篩選倍率的篩選——

（1）進行分發比序時，應依「推薦學生」選填之校系志願序、高中推薦優先順序及大學校系訂定之分發比序項目順序比較「推薦學生」成績，以決定分發錄取之優先順序。分發比序項目為級分成績時，以成績高者優先分發；分發比序項目為全校排名百分比時，則由百分比小者優先分發，各大學錄取同一高中學生以一名為限。

例如：「推薦學生」甲、乙二生分別由高中推薦至同一校系，該二生之學測成績亦達該校系之學測檢定標準，甲生「在校學業成績」全校排名百分比排名其就讀高中前 1%，乙生「在校學業成績」全校排名百分比排名其就讀高中前 2%，則甲生優先分發。

（2）第一輪分發後校系仍有缺額者，彙辦中心應再依前項分發作業原則進行缺額校系分發作業，且各大學對同一高中至多以再錄取一名為限。

（3）第一輪、第二輪分發經比序至最後一項仍相同時，一律增額錄取④。

簡單來說，繁星計畫的入學方式可以歸納成兩點：

1. **大考「塡志願」的方式⑤＋「學校推薦」的篩選流程**
2. **「甲高中」進入「A 大學」的名額最多一名，除非「A 大學」有第二輪分發**

但是在甄選人數過少、或是科系熱門的情況之下，很可能所有考生都需經歷各個「分發比序」的篩選，其結果不見得比「推甄的第一階段」來得好過。

以台大牙醫 2009 年繁星計畫錄取結果做說明——

招生人數	錄取人數	比序一	比序二	比序三	比序四	比序五	比序六	比序七
1	1	在校成績	總級分	高中數學	高中生物	高中化學	高中物理	高中英文
		前 1%	75	前 1%	前 1%	前 1%	前 1%	前 1%

根據這份榜單，我們可以得到如此的推論與疑問：

1. 從台大牙醫「總級分 75 級分」、「篩選到比序七」來看，至少有五個「高中成績前 1% 而且學測滿級分」的學生被刷掉了。
2. 被刷掉的這些學生，他們的「第二志願」又是什麼呢？很顯然的，選塡那些系所的「其他學生」要倒楣了。

④ 參見《99 學年度大學繁星計劃招生簡章》總則：三、分發比序及錄取作業。本年度除了新增第二輪分發以外，其他招生規則與 2009 年並無不同。

⑤ 唯一的不同是，大考「塡志願」是所有校系都可以選擇，繁星計畫只能選擇「一所學校的其中一個學群」，而且一個學群「能塡多少志願」也因學校而異。

那麼，大學是否要因此增加招生人數呢？這也是一個難題，在各高中都只能收一名的情況下，招生過多勢必要擔心產生缺額或良莠不齊的狀況發生。

這個「怪異的分發流程」衍伸出另一個問題：清大與其他學校的錄取率差距是怎麼來的？

這個問題並沒有因清大與各校同步招生而有所改變，相對於其他名校的「一位難求」，清大 2009 年還有十來個校系有缺額（約占所有科系的一半）。

✦ 清大的兩難：你要「好學生」，還是「好錄取率」？

要了解問題的成因，就必須從清大與各校招生方式的差異談起。

眼尖的人或許會發覺，清大的招生方式跟其他學校好像總是「不對盤」，2008 年各校在選填志願數的限制上，台大、陽明只能塡一個，成大、政大各爲三個，清華、交大卻是「一個學群有多少科系，就可以塡多少個」，招生結果，清華、交大的未額滿科系占參與科系比率果然是最高的。

學校	台大	政大	清華	交通	成大	陽明
未額滿科系數	7	0	7	5	2	0
未額滿科系占參與科系比率	12.1%	X	31.8%	20.8%	5%	X

（2008 年繁星錄取情形）

2009 年狀況更糟，因爲那年的招生方式，「繁星計畫彙辦中心」刻意「放寬」成：

高中就同一名「推薦學生」僅限推薦至一所大學之一個學群（含不分學群）；若推薦至同一所大學之學生超過一人時應排定推薦順位。⑥

然而清大的錄取方式還是用 2008 年的「遊戲規則」，並未有所更動：

各高中有符合前項兩頂標三前標之學生者，每校每一學群至多推薦一名，並註明推薦順位，再依簡章總則分發比序及錄取作業分發，每校至多錄取一人。⑦

也就是說，雖然每所高中「錄取」各大學名額都只有一名，但是「推薦」至一所大學名額可以是「N」個（只是一位學生不能同時報兩個校系），而推薦到清大最多只能有兩人。

最後無論從「未額滿科系數」還是「未額滿科系占參與科系比率」來看，清大都是「高踞榜首」，而且比前一年還要「進步」。

學校	台大	政大	清華	交通	成大	陽明
未額滿科系數	4	0	14	6	1	0
未額滿科系占參與科系比率	8.16%	X	58.33%	24%	2.5%	X

（2009 年繁星錄取情形）

這到底是各校太「精明」，還是清大太笨？或者，清大的作法才是繁星計畫的真意？我只知道，今年清大的招生人數限制取消了⑧。

⑥ 參見《98 年招生簡章》總則：（二）、推薦作業（第 6 點）

⑦ 參見《98 年招生簡章》校系分則：清大（重要事項說明第 2 項，http://www.star.ccu.edu.tw/star98/ColQry/ShowSchGsd.php?colno=011）

⑧ 也因此，招聯會針對 2011 年「繁星推薦」，特別規定「（大學）每學群可選填志願數，不得少於該學群參加校系數之二分之一」。參見：〈大學招生委員會聯合會大學甄選入學招生辦法〉第四條。

✦「繁星計畫」有沒有實行的必要？

綜上所述，繁星計畫的運作模式與推甄申請其實沒多大區別，之所以「看起來」照顧到所有地區的學生，完全是因爲將各高中錄取名額限定爲一名的結果。在這個看似「皆大歡喜」的假象背後，其實「明星高中」、「社區高中」雙方都不滿意。

對明星高中而言，各高中推薦於每所大學之錄取名額爲一名，使得「繁星計畫」幾乎變成「明星高中排除」計畫。然而社區高中也有話要說，由於爲了避免大學校系出現缺額，從 2010 年開始，人數不足進入第二輪分發的校系，每一所高中錄取名額可有所放寬[9]，那麼第二輪分發的優勢是否還在社區高中這邊？此外 2011 年起學校推薦名額全部併入個人申請的結果，只怕非明星學校在申請入學更沒有機會。

我認爲，在檢討繁星計畫之前，**我們需要回過頭來思考一個問題：爲什麼過去「學校推薦」制度無法發揮像繁星計畫一樣的功效**？大多數人的看法不外乎是「第二階段考試對弱勢學生不利」或是「推甄錄取人數太少」[10]，但實際上，明星高中在推甄第一階段與第二階段的錄取比率並沒有太大變化；反過來說，**社區高中的學生之所以「競爭不過名校的**

[9] 根據繁星計畫、繁星推薦簡章，2010 年缺額校系分發，各大學對「同一高中」（指第一輪分發已有人上榜的學校）錄取名額可再增加一名，到了 2011 年，則乾脆連「名額限制」都取消了。

[10] 2001 年 7 月，台大決議下一年度放棄學校推薦作爲入學方式時，當時的台大教務長李嗣涔的理由就是各校系推甄名額很少，所有明星高中推薦人數加起來少說幾十人，鄉下高中優等生還是敵不過，還不如全部採用申請入學。相關報導：《聯合報》，2001 年 7 月 8 日

學生」，是因爲他們大多數早在第一階段就已失去爭取入學的機會了。

所以，與其用繁星計畫限制各高中的大學錄取名額，何不「反向思考」，乾脆將推甄的一階段的錄取方式放寬？**錄取標準可以只採計總級分，或者像科技大學一樣對部分科目「加權」，甚至採取更「勁爆」的方法：只要學測各科五標達到大學科系設定的標準，第一階段統統錄取！**

覺得「只看五標」的錄取方式很誇張嗎？如果各位看完我接下來的說明，應該就可以了解這種作法並沒有那麼不合理。根據《天下雜誌》2008年的報導，當時清大的學務長賀陳弘連續幾年比較清大學生學測成績與大學在校成績後發現，學測數學10級分到15級分的學生，與之後的學業表現並無正相關。他在接受《天下雜誌》專訪時也坦承，大學爭取好學生習慣用最簡易的方法，但當社會愈來愈多元化時，它的準確度也就開始下降⑪。

既然如此，我們又何必死抱著學測給定的「15級分」不放？放寬推甄第一階段的門檻，不但可以增加更多學生的入學機會，同時也能促使大學在第二階段的把關更加用心，反而會比現有的推甄制度收到更好的效果也說不定。

⑪ 相關報導：〈明星學校有責任拾起遺落的麥穗〉，《天下雜誌》395期

【密技】升大學推甄全攻略

在學測報名人數超越七月大學考試的情況下，原有的「75 級分」已漸漸無法反映學生的眞實表現，本來的「多元入學方案」反倒使得多數學生必須「考兩次」而苦不堪言。這時候如果眞要對學測推甄制度進行全盤改革，方法只有兩種，不是將推甄第一階段篩選從寬，由各校在第二階段再行把關；就是重新對推甄第一階段的申請加以限縮，比方說一所大學最多只能申請一個科系，藉以降低學測的報名人數。

可是眼看改革之路遙遙無期，面對這種捉摸不定、變數極大的推甄制度，考生總得要想辦法「自救」吧！

那，考生的因應之道又是什麼？

一種方法是「遵守規則」、「摸著石頭過河」，在考試後依循自己的成績，看看有哪間學校願意收你，「落點分析」就成爲考生的依託了。

另一種方式就是「破壞規則」，在考前找到校系的關鍵科目（最重要的篩選倍率是哪一科），想辦法在考試時將那些科目發揮到極致，這樣才能在推甄的時候以壓倒性的成績將對手踢出該科篩選倍率外[12]。接下來，我將以 2011 年個人申請簡章爲依據，把前面提到大學校系數種第一階段篩選類型做個整理，以方便考生「見招拆招」，採取因應之道。

⑫ 這種方式考生要做的「功課」就很多了，除了尋找「關鍵科目」外，最好還能找到過去第一階段的篩選成績，這種書通常各校輔導室都會有。

「整死人不償命」型

挑戰指數：☆☆☆☆☆

應考策略：燒香、拜拜、擲筊……

這類型科系的最大特徵就是「不可預測性」：你完全不知道哪個科目是重要的，你也不知道你會因爲哪個科目被刷下來。除了前面〈你過得了推甄第一階段嗎〉所提到的科系以外，大部分的科系都是以三科爲篩選基準。

當然，有些科系的篩選方式是很可笑的，我就舉幾個例子讓各位看看：

高醫醫學	招生人數：50 人					
採計科目	國文	英文	數學	社會	自然	總級分
五標	前標	前標	前標	前標	前標	X
篩選倍率	7	3	6	X	3	2

可通過人數：350（國文，50x7）、300（數學，50x6）。所以國文和數學的標準是設好玩的嗎？

北醫醫學	招生人數：81 人					
採計科目	國文	英文	數學	社會	自然	總級分
五標	前標	前標	前標	前標	前標	X
篩選倍率	5	5	8	X	8	3

可通過人數：648（數學、自然，81×8）405（國文、英文，81×5）。你乾脆說「我只看總級分」好了！

並不是說國立醫科就沒有這種問題，成大醫學就是如此：

成大醫學	招生人數：35 人					
採計科目	國文	英文	數學	社會	自然	總級分
五標	頂標	頂標	頂標	頂標	頂標	X
篩選倍率	6	5	2.5	8	4	2.5

可通過人數：社會 280 人 (35x8)、國文 210 人 (35x6)。

只不過在大家印象中，國立醫科的錄取難度更高、競爭更為激烈，所以「有沒有問題」對考生而言就不是這麼重要了。

為了減少篩選結果的「不確定性」，有些科系會選擇先用總級分做為第一個篩選倍率：

政大財政	招生人數：26 人			
採計科目	國文	英文	數學	總級分
五標	前標	前標	前標	X
篩選倍率	4	3	2	5

這種篩選方式，沒錯，是對減少不確定性有一定程度的幫助。但相對的，卻也增加了單科級分的影響力，結果就會出現「一級分逼死英雄好漢」的情形。

好啦！我知道你台大法律是社會組第一志願啦，但你招生人數才四個，有必要設這麼多道門檻嗎？

台大法律財經法組	招生人數：4 人					
採計科目	國文	英文	數學	社會	自然	總級分
五標	頂標	頂標	頂標	頂標	頂標	X
篩選倍率	2	2	X	3	X	5

「我就是要 15 級分」型

挑戰指數：☆☆☆～☆☆☆☆

應考策略：採計科目衝 15 級分，總級分別太難看

這類科系之所以敢以一兩科做篩選標準，所憑藉的就是以總級分作為超額篩選的把關。最陽春的大概就是「成大化學」版。

成大化學	招生人數：17 人		
採計科目	英文	數學	自然
五標	前標	前標	前標
篩選倍率	X	X	2

這種版本「初步進化」就變成這樣：

政大傳播學士學程	招生人數：6 人		
採計科目	國文	英文	社會
五標	前標	前標	前標
篩選倍率	4	2	X

台大政治則是「整死人不償命」、「我就是要 15 級分」這兩種篩選方式的「合體」，一方面只有兩個篩選倍率，一方面又篩選三科；這就是向考生「宣示」：國英社三科都拿滿級分再過來吧！

台大政治國關組	招生人數：11 人			
採計科目	國文	英文	數學	社會
五標	前標	前標	均標	前標
篩選倍率	5	3	X	5

台大政治的其他兩組除了招生人數以外，學測成績的採計方式都一模一樣，國關組只是恰好「中槍」而已。

另外有些科系「愛玩又怕惹麻煩」，所以乾脆就將總級分的篩選「提前」到最後一個篩選倍率：

陽明物理	招生人數：16 人	
採計科目	英文	總級分
五標	前標	前標
篩選倍率	5	2.5

這種採計方式也有「進化版」：

台大圖資	招生人數：17 人					
採計科目	國文	英文	數學	社會	自然	總級分
五標	前標	前標	均標	均標	均標	X
篩選倍率	5	6	X	X	X	3

下面這個科系大概是最「善良」的……………

台大園藝	招生人數：14 人					
採計科目	國文	英文	數學	社會	自然	總級分
五標	X	均標	均標	X	均標	X
篩選倍率	4	4	4	X	4	3

「脫褲子放屁」型

挑戰指數：☆☆☆

應考策略：第一個總級分門檻參考用的，重心先放在其他採計科目上

台大經濟	招生人數：48 人	
採計科目	數學	總級分
五標	前標	X
篩選倍率	2	4

台大經濟就是這類校系的「典型」，個人申請招收 48 名、總級分篩選倍率 4，可通過人數 192 人（48x4），意味著大多數申請者面對「第一個總級分」都可順利過關。

這種篩選方式也有「變種」產生。以 2010 年台大資管「個人申請」爲例，總級分之後篩選的就是兩科總分的排名：

台大資管	招生人數：35 人		
採計科目	英文	數學	總級分
五標	前標	前標	X
篩選倍率	3	3	5

也因此，雖然該年度台大資管「第一個總級分門檻」只要 48 級分，但是通過第一階段的 105 名考生中，還能有 92 名明星高中的應屆畢業生（而這還是沒有將東部學校與著名私校列入的情況）。

至於台大資管今年的招生方式，自然也就沒有任何變動啦！

「關鍵科目」設定 ing

挑戰指數：☆☆～☆☆☆☆

應考策略：找到關鍵科目，將它的級分衝高

什麼叫「關鍵科目」呢？道理很簡單，有些科目的篩選倍率其實是大多數考生都可以通過的，從該系所有採計科目內，扣除掉當中無關緊要的科目，剩下真正要考生分高下的科目就是「關鍵科目」，也就是學測要努力的目標。

成大電機就是最好的例子：

成大電機	招生人數：94 人			
採計科目	英文	數學	自然	總級分
五標	均標	X	X	X
篩選倍率	X	10	10	3

預計招生 94 名，數學、自然篩選倍率 10 倍，最多可通過 940 人 (94x10)，最好是有哪個科系第一階段報名人數可以破千的啦！你以為申請入學可以填 100 個志願喲？

清大電機	招生人數：60 人			
採計科目	國文	英文	數學	自然
五標	前標	頂標	頂標	頂標
篩選倍率	X	5	3	5

英文、自然可通過人數 300 人 (60x5)，所以數學（和總級分）才是決勝關鍵。

交大材料	招生人數：27 人		
採計科目	英文	數學	自然
五標	前標	前標	前標
篩選倍率	10	10	3

英文、數學可通過人數 270 人 (27x10)，自然考好，總分別太差才是王道。

英文、自然可通過人數 690 人（69x10），什麼比較重要還用說嗎？（又是數學~）

台大資工	招生人數：69 人		
採計科目	英文	數學	自然
五標	前標	前標	前標
篩選倍率	10	2	10

如何分辨一個擁有多重篩選倍率的校系是否為「整死人不償命」型，下面有兩種方法供各位參考——

1. 計算兩兩篩選倍率的間隔：兩兩倍率間數字相差如果小於二，且差距不到一倍，該校系很可能就是「整死人不償命」的類型。
2. 計算該校系單一篩選倍率（在不考慮同級分的前提下）所能接受的人數（也就是第一階段預計錄取人數 x 篩選倍率的數字）。至於「判定」的標準是 200 ～ 240 人（冷門校系最多可下修至 100 ～ 120 人）。因為超過這個數額的篩選倍率，頂多只能做為「門檻」。換句話說，對於一位申請最多只能報名六所校系的考生而言，如果連這種「門檻」都無法通過，那就是他個人實力的問題，沒有抱怨的理由。

當然最好是能夠兩種方法相互運用，然而如果真要「二選一」的話，就我個人而言，第二種方法較第一種更為合適。因為單用第一種方法，難免會有出現失誤的時候（假如說某校系國文科篩選倍率是 15，然而該系第一階段只錄取 3 名，15×3=45，「國文科」很可能就不能做「非關鍵科目」看待）；而且，就算是「整死人不償命」型的校系，有時候還是可以用這種方法找出一兩個非關鍵的科目。

有的時候「關鍵科目」也不見得是單一學科，「總級分」也可能會做爲篩選關鍵。交大電物就是很好的例子：

交大電物（電子物理組）	招生人數：14 人				
採計科目	國文	英文	數學	自然	總級分
五標	均標	均標	均標	均標	X
篩選倍率	X	X	20	20	3.5

數學、自然可通過人數 280 人（28x10）。

同一篩選倍率超過一科的話，仍需注意採計的科目是什麼。如果同樣是「單一科目」（例如國、英、數），兩者的重要性就相等；然而如果有「總級分」在裡面，其他科目所代表的就僅於「加權性質」，總級分可能才是決定性的影響因素。

以 100 學年度台大工管為例，用「指考簡章的編排方式」呈現，就會是這種結果。

學系	學科能力測驗 檢定項目及標準	學科能力測驗 採計科目及方法	同分參酌順序	
工商管理學系企業管理組	英文 (頂標) 數學 (頂標)	國文 x1.00 英文 x2.00 數學 x2.00 社會 x1.00 自然 x1.00	1	總級分
			2	
			3	

沒錯，第一階段是爲了篩選出「夠資格進入甄試的高中生」。但是別忘了，科技大學也有招收高中生、第一階段一樣看學測成績，這些校系也沒有用「篩選倍率」去整考生，頂多只是學測某幾科加權而已。

校系組資料	國立臺灣科技大學不分系菁英組			學科能力測驗成績採計方式	
				科目	權重
志願代碼	001015	招生名額	40	國文	*1.00
				英文	*2.00
性別要求	未要求	預計複試人數	200	數學	*2.00
				社會	*1.00
寄發第二階段複試通知	詳見複試說明	第二階段複試費	800	自然	*2.00

（2010 年台科大不分系招生分則）

看到科大的招生，對照一般大學五花八門的第一階段篩選方式，我還是忍不住想「請教」這些大學校系：你們不能把推甄第一階段弄得簡單一點嗎？這種方式是要證明大學比科大更爲「高人一等」是不是？

12年嘓嘓叫

醜話先說在前頭，如果「少子化」、「高中職入學率百分百」可以作為十二年國教的推行依據的話，個人認為既然現在「七分就可上大學」，乾脆直接推動「十六年國教」不是更為省事？免得以後還要「再搞一次」，勞民傷財。

同樣的，如果教育當局認為「明星高中」是推動十二年國教的「障礙」，也不必制定什麼「免試入學」方案，倒不如直接將這些明星高中「廢校」，或者「強制轉型」（比方說「建國高中」變成「建國高農」、「北一女中」變成「北一國中」、「師大附中」變成「師大附工」）比較快。

馬祖高中在桃園？
——12年國教實際執行的怪象

之所以會「唱衰」、對準備推行的十二年國教帶有疑慮，並非因為教改團體、家長團體將「十二年國教」、「免試升學」視為推動教改的「終極目標」，而我是站在這些團體的「對立面」的緣故。最主要的原因在於這項政策的實行，絕非「廢除國中到高中的升學考試」那樣簡單。

因為過去從「聯考」變「指考」，只不過是讓各校系可以自由選擇所採計的科目，而「大學學測」的前身則是聯考時期的「推甄」。換句話說，「廢除聯考」不過只是改變了升學考試的「方法」，升學制度本身並沒有任何影響。

但是十二年國教所引起的改變不單是「沒有升學考試」，單單一個「拉平公私立學校學費差距」，就牽涉到國家的財政分配。更何況，十二年國教還會牽涉到現有學制的變革，對我國教育體系所產生的影響，遠非當初「廢除聯考」、或者「一綱多本」所能比擬。

以政策相似度來看，「九年國教」的推行結果正好可以做為推行「十二年國教」的參考。

當時九年國教從推動到正式實行，總共花了十一年的時間調整（1957年～1968年）。但由於這段時期大家都把焦點集中在九年國教的「執行」成效，卻忽略了「九年一貫」的結果，兩個應該同步實施的政策相差了將近三十年！

也許當時沒有推行「九年一貫」，是因為當時「師大畢業教中學、師專畢業教小學」的師資培育政策的考量，但是這三十年的落差，除了中學學制被「割裂」以外，也使得「九年一貫」的施行，到現在都還沒到位。

從九年國教衍生的問題可以讓我們了解，判斷一項教育政策的好壞，並不是政策會不會「執行」成功，而是「政策的執行能否對學生產生幫助」。

撇開「九年國教還沒辦好，是否就要進入十二年國教」的問題不管而只談「政策執行」，相較於九年國教歷經十一年的「分區試辦」，十二年國教，除了老早就開始藉「高中職社區化」名義大幅補助教育部納入的「社區高中」計畫外①，其中影響最大、而且在半年之內相繼推動的「免試入學」、「公私立學費一致」兩項政策，都是在辦理的第一屆就要「全國實施」。

但是就算「高中職社區化」成效再好，充其量也只能做為十二年國教的「預備」，因為「免試升學」、「學費統一（政府負擔）」才是國教的特色。而目前從這兩項政策「半吊子的執行狀況」來看，除了向大眾宣示著教育部想讓這些政策「一次到位」的決心以外，遑論「能否對學生產生幫助」了，是否能達成「預期目標」都值得懷疑。

① 根據遠見雜誌 224 期〈建國中學能建國？〉的報導，教育部 2004 年度的預算編列，「推動綜合高中和高中職社區化」經費達 4 億 2727.2 萬元，而「加強推展資優教育」經費僅 2053.2 萬元。此外，教育主管機關為推動高中社區化，對於被納入專案補助的學校一年約有 100 萬到 200 萬元的補助，甚至有時候還提供就近入學的學生一年 1 萬元的高額獎助金。

羊毛出在誰身上？——也來談「高中職學費統一」

由於教育部「公私立高中學費一致」② 的話題至今依然炒得火熱，自然就先從這項「統一學費」計畫開始談起。

當初推動九年國教的時候，政府要面對的問題很單純，只不過是「僧多粥少」、既有中學容納不了那麼多小學畢業生而已。所以要解決問題，政府只需要增班、增加每班招收名額，以及增加公立初中的數量，既能夠容納畢業生，也可以確保全面實施國民教育時，公立學校占壓倒性的多數。

但是現在要推動十二年國教所碰到的卻是截然不同的情況，不是「高中端錄取率太低」，而是有過半數的學校是私立的。而教育部只看到了「升高中錄取率接近百分百」就天真的以爲——

既然國中生會逐年減少，「想念就可以有學校」，那我也不需要增設高中，只要把公私立學校的學費拉平，十二年國教不就完成了嗎？

② 相關報導：〈拉近公私立差距／讀私立高中職 每人每學期省1.6萬〉，《聯合報》，2010/03/02

實際上，「高中學費統一」所碰到的問題可不像教育部想的這麼輕鬆——

1. 實施經費「羊毛出在羊身上」，要嘛「全民埋單」，要嘛「債留子孫」。
2. 有了這個政策，以往對私校的補助能否取消？
3. 現在政府可以動輒將國中小「廢校」、「併校」，但是私立高中職招不到學生，教育部打算怎麼辦？「政府吸收虧損」？「私立」改制爲「公立」？還是要這些學校的教職員回家吃自己？

果不其然，教育部的「利多」宣布不到三個月，本來「一體適用」的學費政策便增加了「年收入 60 萬以上」的排富條款，在家長砲轟後沒多久，又「放寬」爲 90 萬。而爲了讓「放棄免試入學」的私校學生「留下來」，則由私校利用政府提供的「就近入學獎助」、「優質高中補助款」發放獎學金「自行吸收」③。

從「高中學費」政策的反覆可以看出，臺灣的教改已走向「民粹化」的地步，一方面主張美式「廣設高中大學」、「自由競爭」，另一方面要像歐陸地區「學費朝公立看齊」、「高中畢業生都有升學機會」④。但是臺灣既不肯學歐陸「控管」畢業生程度（像法國高中「畢業會考」），又不敢像美

③ 目前最新政策爲 所得 114 萬元以下學生高職免學費，公私立高中學費齊一。相關訊息，參見：教育部 100 年 5 月 19 日部授教中（三）字第 1000058151 號 函 (http://www.tpde.edu.tw/ap/news_view.aspx?sn=02ebaac0-a01d-4139-af30-65a801df2582)。

④ 這顯然是對歐陸體制的誤解，歐陸幾乎所有中上教育機構都是公立，而臺灣卻有過半是私校，而且別忘了，歐陸私校收費還是比公立的貴。

國讓招生不利的學校自行倒閉，在這種自相矛盾的情況下，眞無法想像未來會出現什麼結果。

✦ 問題是「學費」還是「九年國教」？

也許有人會提出「社經地位高的學生容易考進公立學校，社經地位低的學生卻要讀私立學校」做爲「統一學費」的論據，事實上，當「高中統一學費」政策「跳票」的時候，聯合報、家長團體等就是這麼主張。

這種「社會公平」的論述乍看之下很具說服力，但是思考模式卻止於問題的表面，「頭痛醫頭，腳痛醫腳」，而且，還要花一大筆錢。

首先，同樣的問題不單發生在高中，大學端也是如此。如果說「平均社經地位與中上教育學費成反比」可以做爲「高中統一學費」的理由，大學是不是也可以「比照辦理」？

更重要的，是透過升學表現篩選出來的。大家所想到的卻是「拉低私校學費」，甚至「廢除高中升學」，而不去思考「九年國教」端是不是出了問題、爲何無法使弱勢生在現有教育體系下獲得和一般人同等的學習機會，顯然將因果關係搞反了。

 「免試入學」的排列組合

扣除掉教育部「公私立高中學費一致」跳票的話題，在「十二年國教」、「免試入學」進程中，最重要的大概就是「學區劃分」這一塊了。**接下來，我就以 2010 年高中免試入學的實際辦理情形來替各位說明**。

根據〈擴大高中職及五專免試入學實施方案〉，教育部將免試入學辦理方式分爲四種⑤：

全區共同辦理：依現行 15 個招生區或各主管教育行政機關協調規劃之招生區為範圍共同辦理。

跨區聯合辦理：高職、五專，或高中科學班、實驗班、藝術才能班等，得跨區聯合辦理。

多校聯合辦理：高中職及五專得依學校特色或地理環境，聯合多校共同辦理。

單一學校辦理：高中職及五專單一學校，得獨立辦理免試入學。

講白一點，就是說學區的劃分型態有：

1. 單一分發區（單一縣市，或是按照舊有「15 分發區」）。
2. 數個分發區（類似所謂「小學區」的概念）。
3. 獨立招生（如果學校「喜歡」的話）。
4. 跨區辦理（這個「區」當然是新劃分的「免試入學區」，除了高職五專以外，高中資優班、藝能班也適用。但是跨區能「跨」多大呢？教育部並沒有給我們答案）。

⑤ 參見該文「伍、辦理方式」。

不過在台灣，要實施「學區劃分」有一個必然要面對的困難處，就是台灣有高中、高職兩種入學管道，不像美國只有「普通高中」那麼單純。

而且這還只是個「粗略」的分類，因爲在高中、高職兩條管道之間，除了高年級再選類科的「綜合高中」以外，還有高中職合辦的學校（如台南的新營高中、臺北的泰山高中），如果再把完全中學、五專、公立私立等因素全部加起來，到底有多少組合？

升學管道的歧異也就衍生了一個問題：學區劃分到底要畫多大？

雖然學區的劃分是以「供給端」（高中職）爲基準，但是一校一學區顯然不可能。不單是高中、高職的分別，甚至職校有高工、高農、高商等區隔，怎麼能限定一個學區的學生只能讀「哪所學校」？

相對的，若是採「大學區」的方式，既然有多所高中可供選擇，「比較」的心理就會產生，屆時是否出現某些學校擠破頭、某些學校乏人問津的情形？

✦ 同校如何分科？

除了學區的劃分外，「同校學生不同科」也增加了免試分發的難度。以大安高工爲例，光是電資相關領域就有資訊、電子、電機、控工等科，哪些學生讀哪些科，誰來決定？還是入學後再決定？

「同一學校不同科」不僅是高職的問題，「高中高職合校」也受其影響。像新營高中就有普通科與數個職業類科，但該校普通科是台南區第二志願，學測成績與其他職業類科相差數十分。縱然能限定單一分發區只有新營高中一所，「普通科」與「職業科」之間的招生問題仍然難以避免。

綜上所述，不管是由國中提供升學名單，還是由學生自我申請，「學區劃分」與「同校分科」的問題皆無可避免，差別只在於跟「校內」比還是多了「校外」的競爭而已。

要解決上述問題只有兩種方法：要不是「看成績」，就是「抽籤決定」。

不是我隨便說說，〈擴大高中職及五專免試入學實施方案〉的入學模式中，當申請名額過多時，除了學區登記模式還要考慮「設籍時間」外，解決方法也不外乎這幾種：在校表現、「面談」、抽籤⑥。

是我太聰明嗎？還是教育部的官員都是笨蛋呢？其實真正的原因在於，解決「學區劃分」與「同校分科」的問題，根本沒有其他辦法。

✦「一國多制」的免試入學方式

根據〈擴大高中職及五專免試入學實施方案〉，國中畢業生入學模式有三種——

學區登記：學區內國中畢業生依其所屬學區辦理登記入學。

國中薦送：學區內各國中按畢業人數分配名額。

學生申請：這應該不用說明吧！

⑥ 參見〈擴大高中職及五專免試入學實施方案〉「陸、入學模式」。

但是既然教育部沒有限定要用何種入學方案，如何採計就變成各分發區「自由心證」了。首先，「學區登記」除了台東以外，沒有任何一個縣市採用。而嚴格說起來，台東縣採用該制度的只有關山高中、成功商水兩所學校，但是兩校的「學區」都是整個台東縣，也就是說，沒有任何一所學校眞正採用學區登記。

另外「國中薦送」與「學生申請」兩種入學方式，各分發區規定也不盡相同：

分發區	入學模式
北市	同一國中最多推薦十名，最多錄取一名至一所高中。類似繁星計畫
彰化	除大慶商工有國中薦送，其他學校只有學生申請
雲林	普通科（高中）為國中薦送，高職為學生申請
嘉義	看似各校自由選擇，實際上學生申請和國中薦送沒什麼兩樣（都是各校分配名額）
高雄	公立學校為國中薦送、私校為學生申請，雄中、雄女各國中最多錄取一名
屏東	國中薦送
澎湖	馬公高中為國中薦送，澎湖水產「兩者兼具」
金門、馬祖	學生申請
北縣、中投⑦、臺東	各校自行選擇
基隆、桃園、竹苗、台南、宜蘭、花蓮⑧	二選一

（資料來源：99 年國中畢業生多元進路宣導網站，http://me.moe.edu.tw/junior/show_bbs.php?bid=311）

但是在「國中薦送」部分還是有花樣可以玩呢！因爲〈擴大高中職及五專免試入學實施方案〉並未規定學區大小，所

⑦ 中投區部分學校學生申請仍採各國中分配名額，但名額多寡的依據不一（有些學校看各國中過去錄取人數，有些學校看國中學區遠近）。

⑧ 花蓮區在學生申請部分，有些高中（如花中、花女）還是會依各國中過去錄取人數分配名額，這種分配方式有點類似以前「省中保送大學」制度。

以「學區」的定義又由各分發區來詮釋。除了臺北縣「笨到」真的「按學區招生」以外，中投區和台南區的學區都是「各校自由發揮」，其他分發區要不「全區招生，學區內多收」，要不乾脆將「整個分發區」當作一個學區。

所以最後，入學方式還沒搞懂，大家先去掉半條命。

探討完整體情形，接著我們就來看幾個「案例」。

✦ 臺北縣按學區招生的後果

從上文可知，學區劃分本來就是一個燙手山芋，一旦劃分不好就會吵翻天，所以縱然是桃園、台南兩縣，也不過含混的劃分三、四個學區，還不敢叫高中職依所屬學區招生。

可是臺北縣不但劃定學區，還給公立高中設定了比學區還小的招生區，要各校「按招生區招生」。果然沒多久就被家長質疑，新店高中釋出 235 個免試入學名額，新店的五峰國中分配到 80 個名額，雙和區三個國中也分配到 79 個，深坑國中卻一個也沒分配到[⑨]。

針對「學區劃分不公」的問題，臺北縣教育局副局長是這麼回應的——

⑨ 相關報導：〈北縣：非新店高中招生區〉，《聯合報》，2010/02/23。

但是他忽略的是，海山高中與板橋中學重疊率高達八成，板橋中學與華僑中學招生區重疊率更是 100%。而板橋中學又是臺北縣境內最好的學校，難道就不會有「在家長與學生期待心理下，使海山、華僑兩所學校招生受到嚴重影響」的問題發生？

學校名稱	招生區國中學校
板橋高級中學	海山、中山、重慶、板橋、江翠、新埔、忠孝、光仁、光復、大觀、華僑、溪崑、土城、清水、中正
華僑高級中學	海山、中山、重慶、板橋、江翠、新埔、忠孝、光仁、光復、大觀、華僑、溪崑、土城、清水、中正
海山高級中學	海山、中山、自強、重慶、板橋、江翠、新埔、忠孝、光仁、光復、積穗、大觀

（資料來源：臺北縣各公立高中 99 學年度擴大免試入學招生區劃分表 ⑩）

✦ 各校名額分配的怪象

照理而言，一所高中分配給各國中名額的多寡，所考量的不外乎就是距離和各國中人數。但就是以這兩個考量因素來檢視各分發區「國中薦送」的名額分配，還是有很多難以解釋的現象。

	平鎮高中	內壢高中	中壢高中
平鎮國中	24	16	9
平興國中	19	14	10
平南國中	3	9	4
龍興國中	2	8	4

（中壢、平鎮、內壢高中免試入學名額分配表）

⑩ http://entrance.tpc.edu.tw/menu94/ 掛網資料 1130/ 臺北縣新北星 99 學年度各高中職擴大免試入學招生區 .DOC。

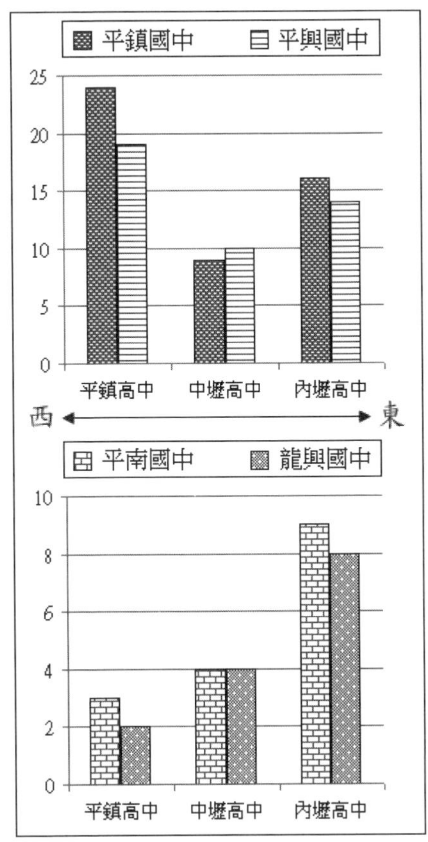

以桃園縣爲例，中壢、平鎮兩市爲縣內的一個大型聚落，如果將這個聚落的地名由西向東排序，應該爲：平鎮、中壢、內壢，而剛好這三個地方都有一所公立高中。弔詭的是，平鎮高中、內壢高中分配給平鎮國中的名額皆多於平興國中，但平鎮國中分配到的「中壢高中」名額卻少於平興國中。同樣的現象也發生在平南國中與龍興國中的名額分配上。

此外，中壢家商給中壢、平鎮各國中的名額看似一樣（都是一名），不過「哪些科」分配給「哪些國中」、服裝科爲何分配給其他鄉鎮市，原因卻完全無法理解。

科別	分配國中
商業經營	大崙、自強、東興、龍興、平鎮
會計事務	平南、六和國中部
資料處理	龍岡、內壢、中壢、平興、復旦國中部
家政	新明、興南、東安
服裝	分配給其他鄉鎮市

（中壢家商免試入學名額分配表）

同樣情形也可在「竹中」、「竹女」的免試入學名額分配上看到：有些國中只有「竹中」提供名額，相對的，有些只有「竹女」有提供。

如果說只是「免試名額的多寡」，那還可以勉強解讀與國中男女比例相關，但是為何有的國中一個名額也不提供呢？難不成這些國中沒有男生（或沒有女生）嗎？

提供免試名額的學校	國中所在地	
	新竹縣	苗栗縣
僅新竹女中	峨嵋、華山	西湖、南湖、獅潭
僅新竹中學	五峰、尖石	南和、頭屋

✦ 國中部直升，各顯神通

有提供國中部「直升」名額的高中職，對免試入學計畫也各有一套因應辦法。有些學校會將直升名額內含於免試入學名額中（主要作法是將大部分免試入學名額提供給該校國中部，甚至有些學校將全部的「學校推薦」名額提供給自家直升）：

薦送學校	丹鳳	福營	新莊	新泰	中平	頭前	義學	泰山	恆毅	林口	崇林	醒吾
名額	1	1	3	1	1	1	1	1	1	1	1	1
薦送學校	蘆洲	三民	鷺江	徐匯	三重	二重	明志	光榮	碧華	三和	格致	金陵
名額	1	1	1	0	1	1	1	1	1	1	1	120

（臺北縣金陵女中「國中薦送」辦法）

招生科班別	普通科	汽車科	建築科	資訊科	電子科	資料處理科	國際貿易科	商業經營科	應用外語科英文科	觀光事業科	合計
國中薦送招生名額	10	3	3	8	5	5	5	5	7	7	58名
說明	限本校國中部符合本校直升資格之學生。										

（台中縣嶺東高中「國中薦送」辦法）

有些學校則是將「直升」與「免試入學」名額分開計算（像永平高中只象徵性的提供五名免試入學名額給該校國中部，康橋中學則是一個也沒提供）：

校名	臺北縣立永平高級中學						聯絡電話		(02)22319670#216			
薦送學校	永平	福和	永和	漳和	中和	錦和	南山	竹林	五峰	文山	安康	石碇
名額	5	5	5	2	2	2	1	1	3	1	1	1

（臺北縣永平高中「國中薦送」辦法）

薦送學校	永平	福和	永和	安康	五峰	文山	及人	崇光	烏來	坪林	石碇	深坑	平溪
名額	1	1	1	1	1	1	1	1	1	1	1	1	1
薦送學校	貢寮	雙溪	瑞芳	欽賢	時雨	秀峰	汐止	樟樹	青山	崇義			
名額	1	1	1	1	1	1	1	1	1	1			

（臺北縣康橋高中「國中薦送」辦法）

✦ 實驗中學「菁英班」

眾所皆知，新竹的實驗中學是所名校，不但台大錄取率僅次建中、北一，而且學生的爸媽不是來自竹科，就是清交或工研院等研究機構。

這麼優秀的學校，自然要有相應的入學條件來顯示該校的程度：

招生名額	科學班 5 名
申請條件	凡就讀或設籍於新竹縣、新竹市、苗栗縣之 98 學年度國中應屆畢業生、高級中學國中部應屆畢業生，符合下列條件之一者： 一、參加「國際國中生科學奧林匹亞競賽」獲個人銅牌獎（含）以上者。 二、參加「美國國際科學展覽大會」獲個人三等獎（含）以上者。
評分方式	凡符合申請條件者，直接入班，若超過招生名額，則增額錄取。

(將專門招收頂尖學生的「科學班」放到免試入學來招生，還眞是一絕)

如果一個國中生有「奧林匹克銅牌」或「美國科展三等獎」的成績，還會在乎能不能「透過免試管道入學」嗎？名校都搶著要吧！

✦ 馬祖高中在桃園？

在各縣市的升學簡章中，最讓我感興趣的是「國立馬祖高中」的招生：

學校名稱			國立中壢高中	國立桃園高中	國立內壢高中	國立陽明高中	國立楊梅高中			國立馬祖高中
推薦門檻 前五學期在校學業總平均達全校前 %			5	6	8	15	24			40
鄉鎮市	編號	國中	科別名額 普通科	普通科	普通科	普通科	綜合高中	資訊科	電子科	綜合高中
桃園市	1	桃園國中	4	13	6	24	2	0	0	1
	2	青溪國中	1	11	2	22	1	0	0	0
	3	文昌國中	0	3	1	2	0	0	0	0
	4	建國國中	2	10	2	17	1	0	0	1
	5	中興國中	4	9	12	19	2	0	0	1
	6	慈文國中	1	10	2	16	2	0	0	1
	7	福豐國中	1	8	1	15	1	0	0	1
	8	同德國中	1	9	2	10	1	0	0	1
	9	會稽國中	0	4	1	3	0	0	0	1
	10	大有國中	0	9	2	8	1	0	0	2
	11	經國國中	0	4	1	5	1	0	0	0

根據<桃園區免試入學簡章>，這所學校總共提供給桃園縣 32 個入學名額，而且「只有某些縣市才有」：

縣市	桃園	中壢、八德	平鎮	蘆竹	龍潭	楊梅、龜山
分配名額	9	各6名	4	3	2	各1名

（國立馬祖高中免試入學各鄉鎮市名額分配表）

這簡直是難以理解的事情。雖然說以往馬祖與桃園爲同一分發區、該縣也有一些馬祖移民，但再怎麼樣也應該是桃園的高中分配名額給馬祖地區的國中生才比較說得過去。然而根據桃園區的招生簡章，桃園各高中分配給連江縣的名額卻是「零」，連江縣各國中所使用的是另一套升學辦法。而且，就算是要保障在桃園的馬祖子弟，招生的時候就應該用適用全縣的「學生申請」制度，而不是採用「國中薦送」，讓各國中分配名額。

想來想去，唯一合理的解釋只有這樣了——要不是桃園縣新設了一所「馬祖高中」，就是桃園縣熱烈鼓勵該縣學子到馬祖念書，錄取的人就可以獲得每天搭飛機通勤的機會！只是機票自費！

是明星？還是猩猩？——明星高中演化史

談到十二年國教，自然也免不了要對現有的「明星高中」，以及志願的形成做探討。

在臺灣，支持「十二年國教」、「高中職社區化」的人，對於學生的發展、表現，大多傾向於一種「宿命論」，也就是說「程度好的人，到哪裡都好」，而明星高中之所以有漂亮的升學率，完全是因為收進一批好學生的結果，所以也不需要設立「明星學校」照顧這些資優的學生。

諷刺的是，這些人所提出來、用來支持他們論述的證據，竟然是高中生的「升學表現」。換句話說，這些說要打倒「升學主義」的，談升學談得比別人都勤。

時至今日，除了《遠見雜誌》第224期〈建國中學能建國？〉與《商業周刊》的998期〈韓國設「英才高中」拚諾貝爾獎〉等少數幾篇文章，鮮少有專文對明星高中持「正面」評價的，更遑論探討「菁英教育」了。

可是相對的，把孩子送到「前幾志願」的，就真的是喜歡、信賴這些學校嗎？因為這當中將孩子送到補習班的比比皆是。

面對這種詭異的環境，我該說什麼呢？

我只想了解一個問題：如果明星高中的升學表現完全是「學生本身素質」所造成，那麼明星高中一開始收進來的學生，以及一開始的升學表現就跟現在一樣嗎？還有，是什麼原因使得60～70年代新設學校無法撼動「老牌省中」——也就是我們現在所看到的明星學校？

從「台大保送名單」看明星高中的形成

要知道明星高中的發展歷程，就得先從大學保送制度開始談起。這個制度原本是要做爲對好學生與辦學良好學校的「獎勵」：一來讓表現良好的學生免除聯招的辛苦，二來藉由「夠資格獲得保送」的高中名單彰顯該校的升學表現。

但是教育當局忽略了，一所高中保送某大學的名額多寡，是按這所高中前幾屆考取該大學人數依一定比例分配。因此「大學保送名額」相當程度反映了各高中的「國力」——也就是「升大學人數」，而成爲高中選填志願的參考指標，導致原本立意良善的制度發展到後期，卻成爲「擴大志願差距」的重要原因。由於台大是這當中最具代表性的學校⑪，自然就以台大的保送名單作爲談論對象。

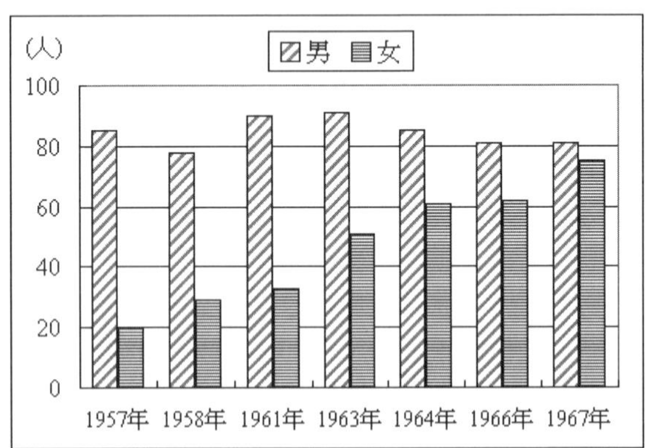

關於全台各中學保送台大名單，《聯合報》完整刊載的有 1957、1958、1961、1964、1966、1967 六個年份，另外

⑪ 在 1950 年代，清華、交大大學部尚未復校，政大僅部分系所復辦，而成大及中興尚未改制、「升級」的情形下，台大是全台唯一一所「國立大學」。除此之外，所能蒐集到關於台大的資料相對也是最完整的。

1963 年的名單可由《中央日報》取得。在這段期間，雖然女校的錄取人數持續增加，但是從上圖我們可以看出，男校的人數並沒有大幅度改變。因此，我們可以將男女校的升學情形分開來看。

✦ 女校升學：「臺北國」的天下

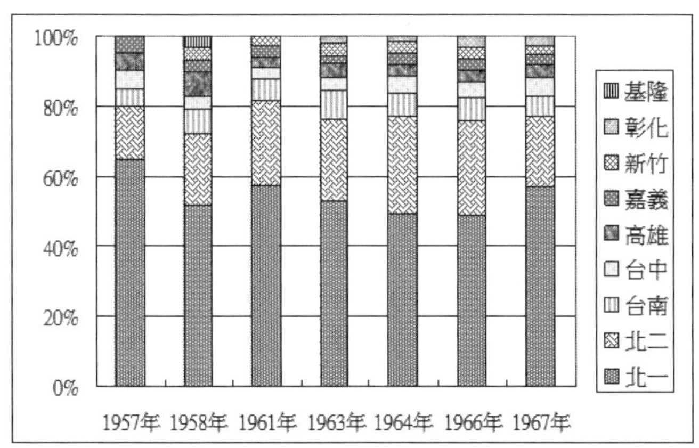

女校的部分非常單純，歷屆台大保送名額，北一女、北二女兩所學校就占了七八成，其他學校只有「陪榜」的份。

這是台北的學生程度太好嗎？當然不是。家庭社經地位？影響也有限，因爲女生錄取台大名額逐年增加，到 1967 年整體保送名額已經接近男校總和，照理而言，當「升學機會」提升的時候，應該會有更多機會釋出給其他縣市才是，然而女校「保送比例」卻依然「穩定不變」。

除此之外，和女校相較，保送台大人數變化穩定的男校，台北地區歷年所占比率從未超過五成。所以，我們可以推斷，會造成這種不正常的錄取結果，「跨區就讀」可能才是主因。

在女校保送台大名額由北部包辦的情況下，能分到剩下兩三成的也只有其他縣市的第一志願，根本沒有「非名校」的機會。

✦ 男校：「區域發展」敵不過「志願優先」

至於男校的升學情形，則較女校來得複雜——

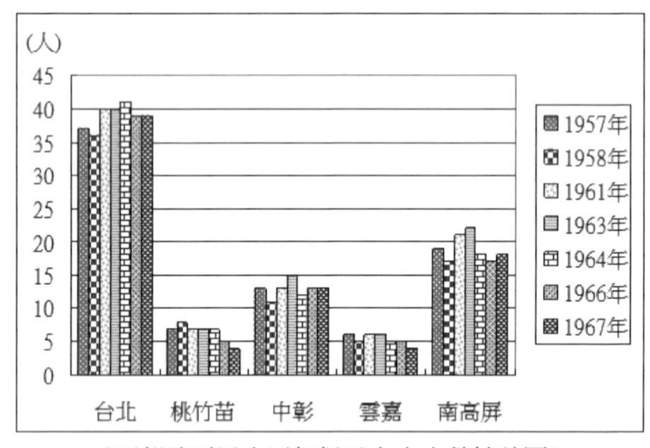

（西部地區男生歷年保送台大人數統計圖）

首先，不同於「優秀女生上台北」，從男校保送台大的結果就可看出，男性入學「區域化」的情形(台北＞南高屏＞中彰＞桃竹苗、雲嘉)在五十年前就已大致底定了。

		台北	桃竹苗	中彰投	雲嘉	南高屏	基宜花東
全台各高中保送台大比例	1957 年	51%	7%	14%	7%	21%	3%
	1967 年	64%	4%	12%	4%	16%	2%
全台各男校保送台大比例	1957 年	**44%**	**8%**	**15%**	**7%**	**22%**	**4%**
	1967 年	**48%**	**5%**	**16%**	**5%**	**22%**	**4%**
台大學生分布(1982~1986 年)		**56%**	**7%**	**12%**	**5%**	**16%**	**4%**
台大學生分布(1987~1991 年)		**54%**	**7%**	**13%**	**4%**	**17%**	**5%**

(歷年台大學生來源比較)

另外，我們將駱明慶教授的研究報告〈誰是台大學生〉所提供的「台大學生分布」⑫ 與 1960 年代各高中保送台大名單對照後也可以發現，「男校保送台大名額」與二十年後「台大學生居住地」比例其實相去不遠。換句話說，對當時的高中男生而言，「遠距離就學」(比方說從高雄到台北念書) 的情形其實是不常見的⑬，也就毋須等教育部再來喊「高中職社區化」了。

但是「區域化」仍無法阻擋升學優勢朝「第一志願」偏移。略過基隆、宜蘭、花蓮三校不提，在 1957 年的時候，還有近半數分配到保送名額的學校並非當地第一志願，過了十年之後，男校所分配到的台大保送總額只少了四個，可是除了附中、成功兩所學校以外，就再也沒有一所二、三志願的學校上榜了。

而如果用「明星高中」的標準來檢視 1967 年上榜的學校，「非明星高中」至此已「全軍覆沒」。

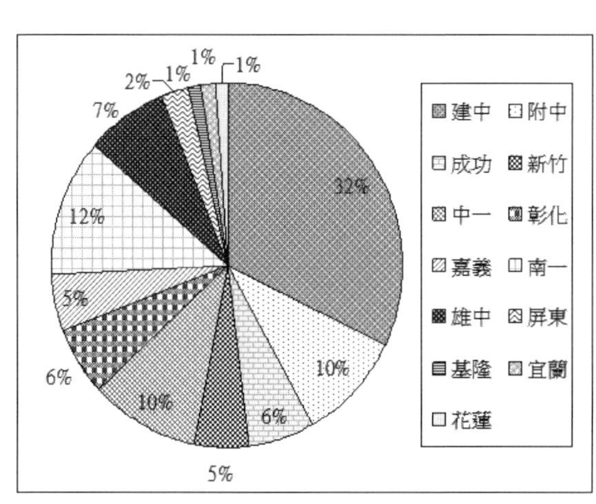

【1967 年台大保送生各男校（共 81 名）所占比率】

⑫ 資料來源：表十：台大學生的分布——依縣市分，駱明慶，〈誰是台大學生〉

⑬ 雖然按人口來算保送台大的台北學生比例仍屬偏高，然而台北學生家庭環境較好、台北學生對北部學校的偏好可能也是部分原因。

✦ 臺北：前三志願「差距」越來越大

以臺北地區爲例，根據《聯合報》與《中央日報》所提供的「各校保送台大名額」，成功高中除了 1954 年勉強位居第二志願，其他幾個時期都是屈居「老三」⑭。而且兩兩志願的差距在拉大，1964、1965 年的時候，建中與附中、附中與成功之間保送人數都相差超過一倍。到了 1967 年，建中的保送人數更超過附中的三倍、成功的五倍！

年份	1954⑮	1955	1957	1958	1960	1961	1963	1964	1965	1966	1967
建中	9	15	16	14	17	19	22	24	24	25	26
附中	6	11	11	11	11	11	11	11	11	9	8
成功	6	10	10	9	8	8	7	5	5	5	5

（臺北前三志願歷年保送台大人數統計）

除此之外，從「臺北男校歷年保送台大人數圖」我們也可以發現，到了 1965 年以後，「非明星高中」就再也分配不到任何保送名額了。

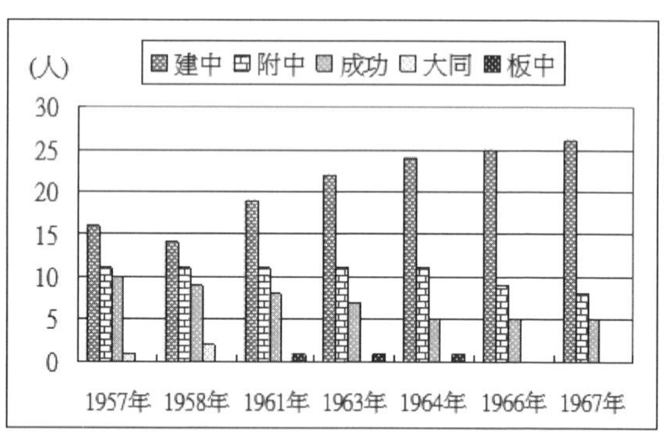

（臺北男校歷年保送台大人數比較圖⑯）

⑭ 這個結果同時也反映在高中聯考上：1960 年，三校的錄取分數爲建中 283.7 分、附中 260 分、成功 251 分，後來又因爲考後增班的緣故，分數再降爲 248.5 分。

⑮ 1954 年各校保送台大人數爲各高中前三年考取台大人數總和，除以三再除以十。1954 年以後，保送人數的計算則是各校前三年考取台大總和除以三再除以八。

⑯ 1961 年臺北市實施「省辦高中、市辦初中」的政策，大同中學高中部自該年九月停辦。

✦ 中南部各校保送人數變化：區域競爭 X 志願競爭

與臺北地區不同的是，中南部各校保送台大人數的消長，不僅與「志願」相關，還受到區域競爭的影響。

回到前面第 66 頁我們所看到的「西部地區男生歷年保送台大人數統計圖」，假設我們將臺北、中彰、南高屏視為三個都會圈，而把桃竹苗、雲嘉視為兩個「次都會」，我們就可以理解何以 1957 年到 1967 年，臺北、中彰、南高屏保送台大人數沒太大變化，而桃竹苗、雲嘉卻呈現下降趨勢——五大區域保送台大名額的變化，代表各區域的消長。基本上，「三大都會」呈現的是較穩定的態勢，然而桃竹苗、雲嘉兩地則日漸被「邊緣化」。

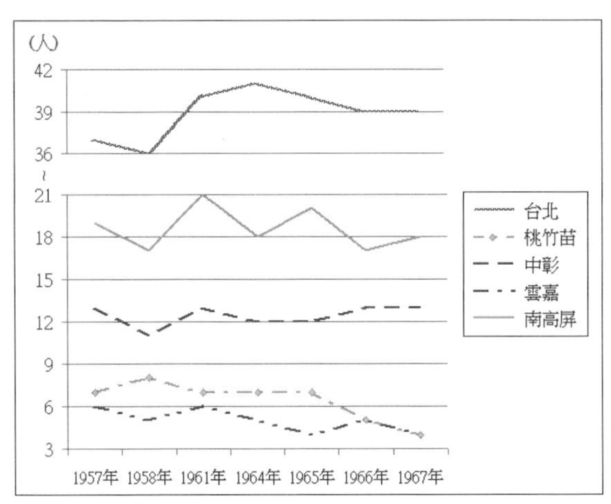

（西部各地區男生保送台大員額變化圖）

另外，我們再將中彰、南高屏兩大區域分成數個「次都會」來看，也可以發現：同一都會圈的數個「次都會」，彼此也是有互相競爭的情形。雖然「彰化」比「台中」小，但與台中競爭是占上風的；而在南高屏，則是由「台南」取得優勢，「屏東」則逐漸「沒落」。

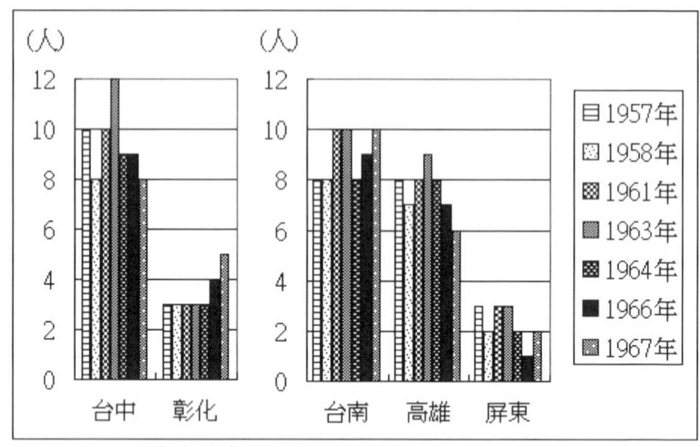

（中南部各縣市男生保送台大人數比較圖）

如果將「區域競爭」與「志願競爭」兩個因素綜合起來，中南部各校保送名額的消長就可以理解了：「中彰地區」的優秀學生多數集中到了「台中」與「彰化」，而在「南高屏」，「岡山」(北高雄)和「屏東」的優秀學生則「外流」到了鄰近地區「更大的城市」(又，根據「南高屏地區各校保送台大人數比較圖」我們也會看到，在當時相較於「雄中」，「南一中」是更有「吸引力」的，這也就是當時爲什麼會有「北建中、南一中」這類口號產生)

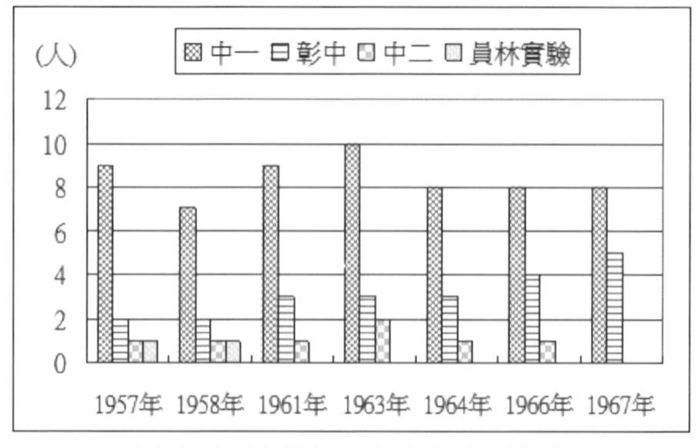

（中彰地區各校保送台大人數比較圖）

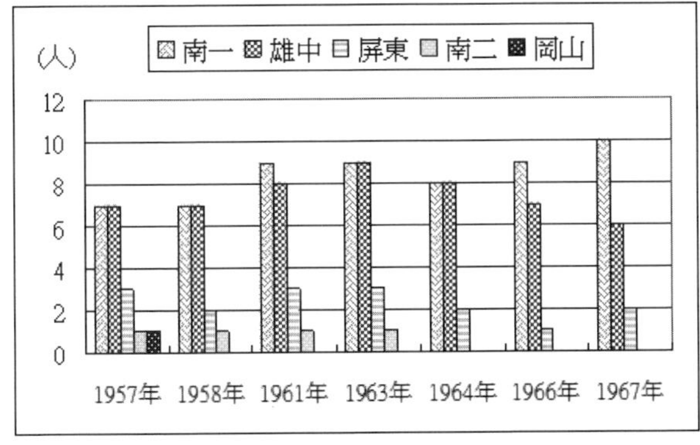

（南高屏地區各校保送台大人數比較圖）

所以，雖然男生保送台大的總體名額並沒有太大變化，但是十幾年後，幾乎所有學校能分配的名額都減少。人數有增長的只剩三所學校：建中、彰中、南一中。前者是臺北「第一志願」，後面兩所學校則是中南部「區域爭霸」的「贏家」。

2 招聯會「信心喊話」，大家沒信心？

關於各省中升學表現差距擴大的問題並不是沒人注意，在 1964 年決議不公布聯考榜首時，當時的招聯會主委閻振興就發表了一段談話⑰——

這段話的論述基礎在於，在所有大學水準排名相同、各中學學生程度分布一致的前提下，由於只有整體表現較好的同學才能獲得保送資格⑱，因此能獲得保送的學生整體而言自然較聯考入學的學生爲佳。進而可以延伸推論：「只要有學生保送的學校都是好學校」。

不過在學生、家長眼中，「保送名單」可不是這麼看的——

⑰ 相關報導：〈大專聯考後天放榜 狀元姓名不予發表〉，《聯合報》，1964/08/22。
⑱ 當時保送不單看學業成績，德行、體育也照算。

首先，「保送生的在學成績，遠超過所有參加聯考的學生」這句話是要打折扣的。因為在 1960 年 7 月，臺灣省議會通過「建議改善省立中學免試保送各大學的錄取標準」，就各省中畢業生三年各科成績在 80 分以上及其總分數來**順序保送台大、成大、省立農學院等校**。

事實上，縱然 1960 年以前保送標準是由各大學自行訂定，基本上保送生的「選校權」仍是由各高中所掌握。1960 年省議會的決議也不過就是賦予這項行為「正當性」而已。

在主事者（不管是各高中還是教育當局）先行給大學設定「排序」的情況下，也就衍生了兩個問題：

1. 因為「既定的排序」（比方說全校第一保送台大、第二名保送成大、第三名保送東海，而不是讓符合保送資格的人選填志願），造成外界對一所大學的好壞產生了刻板印象，也使得部分保送生放棄保送而參加聯考。
2. 在外界對大學的好壞產生刻板印象的情形下，高中除非有「保送台大」的員額，否則無從證明這所學校的素質是否「高人一等」。

但即使在大學志願排序給定的情況下，最起碼「保送生的成績超越其他在校生」是無庸置疑的：只要一所高中有保送台大的名額，該校就應該獲得與其他「名校」平起平坐的機會。

只不過「各校保送台大名額」的公布，剩下唯一可以消減「志願刻板印象」的機會也沒有了——

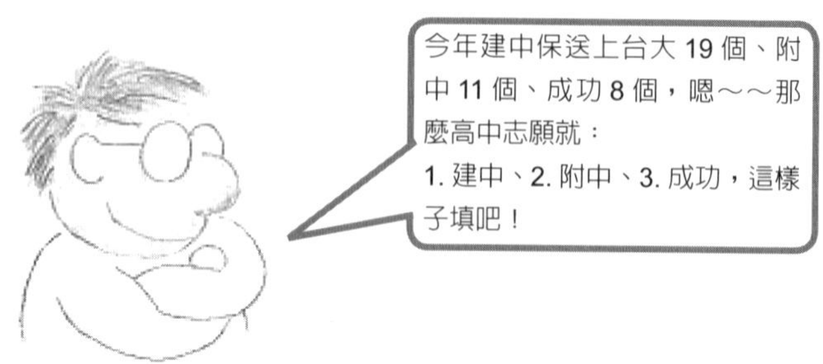

當大家以台大保送名額多寡來排志願的結果，第一志願與第二志願的差距就不是收到的「頂尖學生多寡」而已——「第二志願」根本收不到頂尖學生，甚至第二志願收到最好的學生分數可能還上不了「第一志願」。也因此，兩兩志願的差距就不斷擴大。甚至，由於各校招生人數的不同，還會產生志願「倒退嚕」的結果。

景美女中才是全國第一志願？

看到這裡，也許有人會問：「台大的保送名額分配是根據過去各高中考取人數定的，用台大保送人數評定學校辦學成效難道不合理嗎？」但是問題在於，雖然保送名額是根據各高中考取人數產生，但各高中「志願排序」的形成，還摻雜許多「辦學績效外」的因素。

✦「殖民」教育觀

首先，無可諱言的，除了改了名的「建中附中成功」以外，最初各高中的升學「基礎」——也就是各高中學生的組成，相當程度是受到日本殖民政府遺留下來的「刻板印象」所影響。由於日本殖民時期，除了中一中，其他各校的「一中」、「一女」幾乎都是給日本人讀的，大部份的台灣人只能選擇「二中」作爲升學管道。所以縱然 1945 年抗戰勝利國府收回台灣，「一中」、「二中」的名稱仍延續著日本殖民時期「比較」的色彩。

✦ 北一、北二、景美女中升學表現差不多！

除此之外，就是在統計上，也還是有兩個重要數據無法透過「台大保送人數」突顯出來：一個是「錄取率」，一個是「應屆畢業生考取情形」。

以臺北地區女校爲例，「第三志願」景美女中的升學情形如何呢？從一女中與二女中保送台大名額的差距，以及景美女中在台大保送「榜上無名」的情況來看，我本來以爲，這個「第三志願」大概也只限在臺北喊喊吧！

可是根據1965年大學聯考錄取結果，我們赫然發現，景美女中聯考成績並不輸前兩志願，更進一步來說，前三志願的升大學情形，差異不會太大。而且大家別忘了，當時可不像現在「七分就能上大學」，那一年大學聯考達到錄取標準的人數還不到四成，同年建中也不過才六成五而已。

校名	報考人數	達錄取標準者	通過比率
一女中	1314	1172	89.19%
二女中	888	783	88.18%
景美女中	264	223	84.47%

（資料來源：1966年1月13日，《聯合報》二版）

那麼景美女中上台大的情形如何呢？

很抱歉，因為「台大保送名單」上面並沒有這所學校，所以也無從找起。之所以「未列名」的原因在於，各高中保送台大名額，是以「近三年這所學校考入台大人數的總和，除以三再除以八」所得的結果。然而1968年保送制度就被廢除了，因此景美女中上台大的人數也就無法推估。

受惠於片面的資訊，景美女中得以搭著「臺北女校獨霸」的順風車，穩居女校前三志願。但也受限於片面的資訊，景美、中山在臺北地區只能永遠當二、三志願，無法與一女中平起平坐。

✦ 建中、附中、成功——錄取率差距遠小於保送人數

至於男校的情形更為複雜。如果只看前面所提到的「臺北前三志願歷年保送台大人數統計」，似乎兩兩志願之間都有一定的差距，過了1965年以後，建中更是遠遠的將另外兩所學校甩在後頭。

但是這份「保送台大統計」是在還沒有將各校畢業人數考慮進來的結果。那麼，這三所學校「一個台大保送名額」分別會有多少人來搶呢？

根據我所得到的資料，自聯招開辦以來，建中、附中、成功三校歷屆畢業人數如下[19]：

畢業年份	1954	1955	1956	1957	1958	1959
建中	270	226	275	360	464（日） 49（夜）	512
附中	205	224	243	201	254	448
成功	220	232	172	211	259	231
1960	1961	1962[20]	1963	1964	1965	1966
605	500	900	600	865	1242（日） 110（夜）	1324（日） 58（夜）
335	370	451	636	544	674	927
293	291	393	376	341	474	683

接著將「前三志願」的歷屆畢業人數除以各校歷年保送台大人數，各校「台大保送名額校內分配情形」也就可以知道了。

假使你是 1960 年代附中、成功的學生，應該會感到非常納悶。因爲校方所提供的，可能正是這份與報紙截然不同的統計結果：

[19] 關於畢業生人數的資料來源，師大附中是參考《第四次中華民國教育年鑑》，成功高中則來自《成功載揚臺北市立成功高級中學創校 80 周年校慶特刊》。此外 1963 年以後建中的數據是取自建中歷年畢業紀念冊，其他因年代久遠無法獲取的資料則由建中校方整理提供（也因爲確切的資料無法計算，只能得到概略的數值）

[20] 在 1961 年的時候，由於實施「省辦高中、市辦初中」的政策，建國中學接辦大同中學高中三年級五班，師大附中接辦大同中學高中二年級五班，成功中學接辦成淵中學高中二年級和高中三年級各兩班，而這些「新加入」的學生也就成爲三校 1962、1963 年畢業人數的一部分。

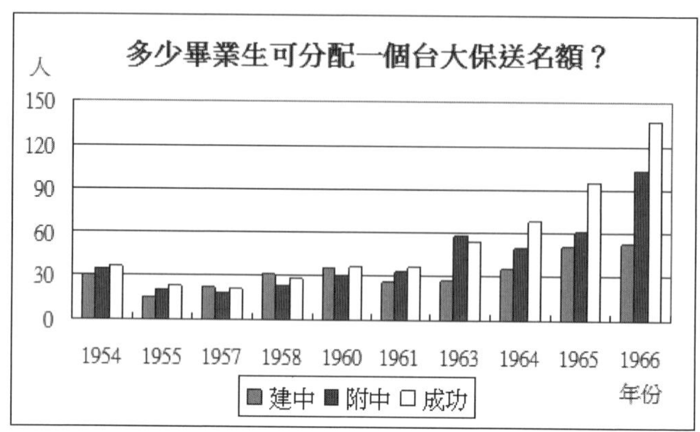

當然，困惑的緣由除了「校方」與「民間」的升學績效判讀出現落差之外，「前三志願」畢業生保送台大機會從1961年以前「各校相近」驟然轉變爲1963年以後的「倍數差距」也是主要因素：

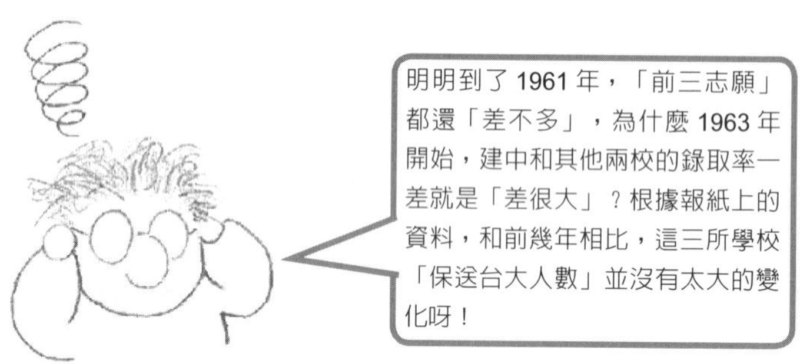

上述問題的產生，其實正是以不同學校保送台大人數多寡，衡量彼此辦學績效優劣的侷限。

✦ 何以「官方」與「民間」判讀產生落差？

首先，和女校面臨的狀況一樣，「錄取率不等於錄取人數」這一點，正是「官方」與「民間」的升學績效判讀產生落差的重要原因。

年份	1954~1956	1955~1957	1957~1959	1958~1960	1960~1962	1961~1963	1962~1964	1963~1965	1964~1966
建中	49.81~52.79	38.14~40.75	30.54~32.26	28.84~30.30	26.33~27.48	28.76~29.91	24.32~25.30	22.14~22.99	18.19~18.86
附中	39.29~42.71	39.52~42.96	29.24~31.78	25.46~27.68	22.84~24.83	18.12~19.69	16.18~17.60	11.65~12.89	8.95~10.07
成功	38.46~42.15	35.12~38.86	27.39~30.67	24.52~27.46	17.20~19.55	11.65~12.65	10.81~12.88	10.07~12.01	8.01~9.55

在建中、附中、成功考上台大的都是應屆畢業生的前提下，按照三校日間部畢業人數推估「各校台大錄取率」，我們就可以發現，各校的升學表現到了 1960 年都還是很接近的。另外，除了 1961~1963、1962~1964 兩段區間，附中與成功兩校的差距也都很有限[21]。

當然，若單純只是「錄取率」與「錄取人數」之間的差異，在前三志願升學結果產生變化時，學校還可以立即做調整。問題便在於，根據「前三年考取台大人數」決定的保送名額，是分配給「當年度」的應屆畢業生。由於各校畢業人數的變化並不穩定，「前三年」畢業人數的成長與否，與「當年度」的畢業人數不見得有太大關聯性，造成學校忽視了「除了保送人數，各校錄取率的差距也在逐漸拉大」的事實。等到各校發覺的時候，早已無法挽回了。

✦ 錄取台大的人數＝分數能上台大的人數？

另外，無法透過「台大保送人數」顯現的不只是「錄取率」，在 1984 年 7 月改爲新制聯招以前，考生選填志願早

㉑ 之所以會有一個錄取率的區間，其原因在於，各高中保送台大的人數是「最近三年考取台大人數的二十四分之一」，在「取整數位」且「沒有四捨五入」的情況下，保送名額所反映的錄取人數差距最多可達二十三名！所以才會有這一段「推估區間」的存在。

在考試前就已完成[22]。因此，如果某校有學生聯考分數可以上台大卻選填其他志願（比如政大、師大、各校醫科），而這個情形又無法反映給社會大眾，或透過其他大學保送名單突顯出來，我們就只能知道這所學校「讀台大的人數減少了」，卻忽略「能考上台大的人數可能差不多」[23]。

✦ 每人錄取 1.2 所大學？——忽略重考生的結果

而除了前面提到的「錄取率」，「台大保送名單」另一個缺陷在於：它只能給我們一所學校考取台大「概略」的人數，卻無法告訴我們這當中我們到底有多少人是「應屆考上台大」的。

如果我們光看大學聯招錄取人數，1965 年建中考取 1065 人、附中 668 人、成功 383 人，這樣的差距滿符合一般人對於不同志願升學表現的認知。

但是將應屆畢業生人數放進來的話，任何有一點 sense 的人都會發現，所得到的「前三志願」錄取率其實大有問題——因為所有學校的大專聯考錄取率都超過百分之百。

	畢業生人數	錄取人數	錄取率
建中	865	1065	123%
附中	544	668	123%
成功	341	383	112%

（資料來源：1964 年 12 月 27 日，《聯合報》）

㉒ 參考資料：管美蓉，《大學入學考試制度與教育控制》，2004 年政大歷史研究所博士論文。

㉓ 像當時就有學子「棄台大讀師大」，但師大的保送名額只分配給各師專，我們也就無從推算各高中錄取師大的結果。同樣的，在 1950 年代，政大復校之初招生名額不多，各高中也很難分配到保送員額。

這個不合理的現象在「台大考取人數」上也一樣存在，還記得前面拿建中等校畢業生人數推估的「前三志願台大錄取率」嗎？按照那份數據，1954 ～ 1956 年、1955 ～ 1957 年這兩個區間，這三所學校的台大錄取率竟然都超過三成五，也未免表現太好了吧！

到底「重考生」占了多大比重呢？以 1965 年聯招爲例，假設建中、附中、成功應屆畢業生全數應考，附中與成功「重考生」都占各校報考人數大約四成左右。

	畢業生人數	報考人數	重考生所占比率
建中	1242（日） 103（夜）	1950	31.03%
附中	674	1237	45.51%
成功	474	813	41.70%

（1965 年臺北男校「前三志願」重考生報名聯招情形）

看起來建中重考生所占的比率比較低是不是？但是建中「前一屆」夜間部出現畢業生已經是 1960 年的事了。因此我們可以推論，這 31.03% 的「重考生」應該都是日間部學生。而單純討論「日間部畢業生」報考情形，建中的應屆、非應屆考生也大概維持在「六比四」的比例。

男校如此，女校也好不到哪裡去。還記得我們一開頭看到的北一、中山、景美三校於 1965 年的大學聯考表現嗎？實際上，除了景美女中是第一屆畢業班以外，其他兩所學校的升學名單都包含重考生在內。

當然「報考人數」不等於「畢業生人數」，「分數上得了大學」也不見得會錄取大學。但是我從景美女中校友會得到的資料發現，第一屆畢業班人數也不過兩百七十七人，縱使用這個人數下去除的結果，景美女中「分數可以上大學」的人數仍然高達八成。而建中「分數上得了大學」的考生比率，竟然還不如景美女中第一屆「實際上大學」的 69%[24]。

看到這些數據不免令人懷疑，在將近半數參與大專聯考的前三志願考生爲「重考生」的情況下，各校眞正「應屆考取大學」的比率到底有多少？如果將重考生扣除而專看應屆畢業生，北一、北二女是否還能有如此優異的表現？還是說，景美女中才是臺北眞正的「第一志願」？同樣的，在前面我們以畢業人數推估建中、附中、成功三校的台大錄取率，所得結果到底「可信」的有多少？

✦ 能否拿「過去」質疑「現在」？——看「台大重考生比例」引發的省思

我決定從「台大學生名冊」開始找起：如果無法從高中端得知應屆考上大學的數據，何不以「重考上台大」的比率回頭推估各高中應屆考上台大的情形呢？

在台大圖書館所能蒐集到最早的資料是 1959 年的台大學生名冊，這份統計數據的計算期間是 1959 年到「最後一屆實施保送制度」的 1967 年。由於個人能力有限，我只選了當時甲、乙、丙三組最熱門的科系作爲調查對象。

㉔ 景美女中第一屆大學升學率取自該校官網。

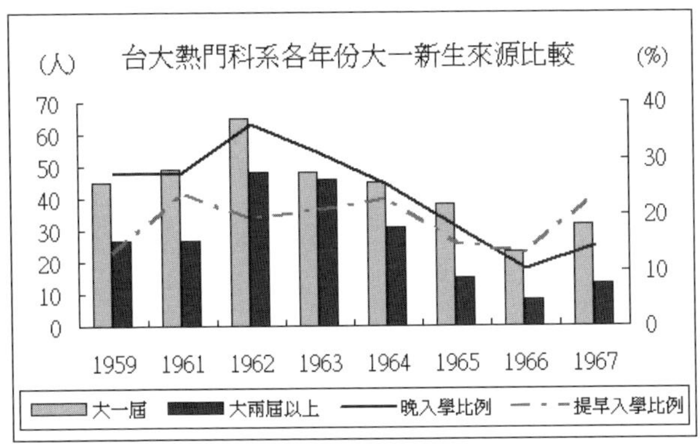

在「重考生」的定義上，則是以入學年齡的計算方式爲基準㉕，超齡的則視爲「重考生」，年齡未到的則當作「提早入學」。根據統計結果顯示，台大熱門科系整體「提早入學」的比率大概都在 13% 到 23% 左右徘徊，但是「重考生」的總體比率自 1965 年跌破 20% 之後，就再也沒回來過。

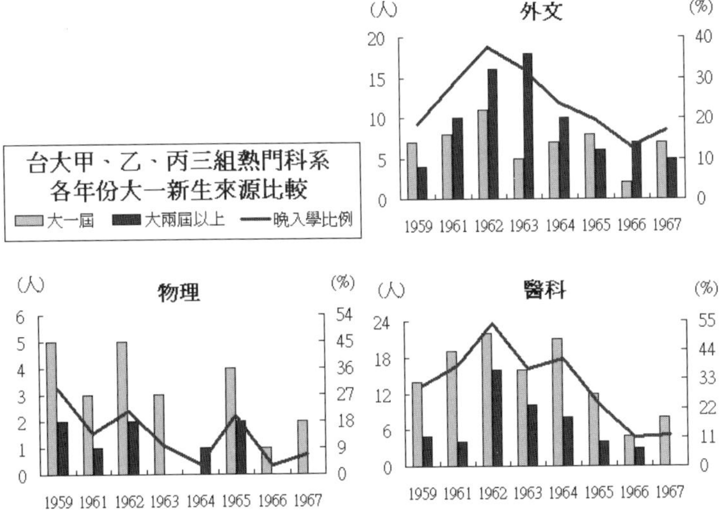

㉕ 比方說 1967 年考進台大的適齡學生，出生年份就應該介於 1948 年 9 月到 1949 年 8 月之間。

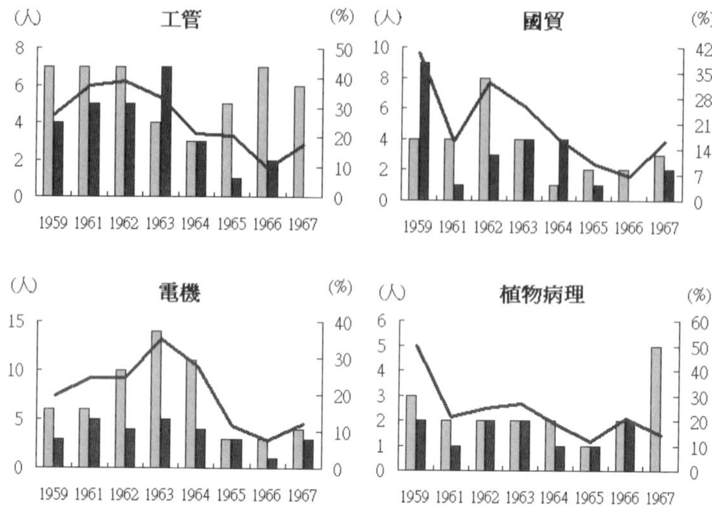

透過「台大熱門科系大一新生來源」所得到的結果其實滿弔詭的：你可以質疑過去「明星省中」考上台大的人數有重考生「灌水」，你也可以質疑這些「灌水」的榜單影響了後來的志願排序，但是你不能否認重考生比率下降後，所得結果的眞實性。回頭看前面提到的建中、附中、成功三校過去錄取台大情形，1964 年到 1966 年三校的台大錄取率，應該就很貼近眞實的結果。

更進一步來說，縱使過去明星高中的「升學結果」受到了「不確定因素」的影響，但當時政府沒對策、社會沒認知，等到明星高中、志願排序「定型」，要想再從「數字面」去挑戰明星高中的「正當性」，就已經來不及了，你要如何證明「定型後」的明星高中升學表現不是你所看到的結果呢？

以民國 63 年臺北地區公立高中大學聯考結果為例，從這份榜單我們可以看出，各校「整體錄取率」與「應屆錄取率推估結果」大多相差六個百分點以內，也就是說，各校整體錄取率和應屆實際錄取情形應該沒有多少差距（不過根據這份榜單，明星高中「應屆錄取率推估結果」卻高於「整體錄取率」，其他高中的應屆錄取表現則不如整體錄取情形）。

另外從這份榜單我們也可以看出，明星高中招收夜間部，並不會對志願排序造成影響，卻能夠擴大明星高中與其他學校之間的差距。相對的，一般高中夜間部的招生，則會影響這所學校和其他高中的競爭㉖。

1974 年臺北地區男校前三志願聯考錄取情形：

校名	錄取人數	錄取率	應屆錄取人數	應屆畢業生錄取率
* 建中 + 建夜	2103	61.24%	1369	67.27%
* 附中 + 附夜	1316	60.12%	868	63.68%
* 成功 + 成夜	1052	54.06%	776	56.73%

1974 年臺北地區女校前三志願聯考錄取情形：

校名	錄取人數	錄取率	應屆錄取人數	應屆畢業生錄取率
* 北一 + 北夜	1372	72.75%	1279	77.14%
中山	1038	68.56%	943	68.58%
景美	469	41.76%	396	45.83%

1974 年板中士林復興三校聯考錄取情形：

校名	錄取人數	錄取率	應屆錄取人數	應屆畢業生錄取率
板中	369	27.77%	189	21.80%
士林	256	23.18%	187	20.48%
* 復興 + 復興夜	295	19.52%	132	13.31%

（*：代表有招收夜間部的學校）

㉖ 資料來源：《六十三學年度大學 獨立學院聯合招生委員會電子計算機作業組工作報告》。

除此之外，在台灣中學教育發展過程中，「明星高中」所具備的先天優勢，也不單只有殖民教育體系與升學主義造成的刻板印象而已，還包括難以撼動的區位因素。由於現在我們所熟知的「名校」多數都設立於日本殖民時期，依據當時統治的行政位階，這些學校都位於資源豐富的「市」，也就是說，「明星高中」的優勢，早在保送、聯考制度出現前就已確立了，而上述優勢則非「升學主義的發展」所能涵括的。這也是探討明星高中議題時另外一個需要注意的地方。

香蕉跟芭樂的比較
——十二年國教立論基礎的薄弱

了解1950、60年代明星高中的發展歷程後，我們就要問一個問題，既然高中各志願間差距的形成與擴大，中間受到許多與實際升學表現無關的因素所影響。最近政府說為了破除現有志願的迷思而要推動「十二年國教」，到底十二年國教是不是達成「破除現有志願的迷思」的好方法？

撇開現存十二年國教執行層面的問題不談，如果要了解十二年國教能否達成教育當局所宣稱的目標，我們必須從它的「立論基礎」加以檢視。

教育部為了推動「十二年國教」，除了「由上而下」的「政策推動」、「政令宣導」之外，2007年還委託當時的宜蘭高中吳清鏞校長主持《就近與跨區入學高中學生學測成績分析比較研究》專案，希望藉由研究的結果說明「就讀社區高中比就讀明星高中還要好」、「高中職社區化的推動是正確的」。

關於這份研究的內容，根據教育部提供的新聞稿[27]判斷，教育部的整段論述「邏輯」應該是：

根據教育部的研究，發現調查樣本中，國中基測PR值90以上的學生，選擇「就近入學」的，大學學測平均成績比「跨縣市就讀」好。

之所以會產生這個結果，是因為「就近入學」提升了學生的成績表現。

㉗ http://www.edu.tw/HIGH-SCHOOL/news.aspx?news_sn=1217&pages=9&site_content_sn=4399。

藉由這份研究結果，更堅定了教育部推動「高中職社區化」的決心，希望大眾也能拋開「傳統選校的迷思」。

如果真像教育當局所主張，「就近入學」比「選擇前幾志願」更能提升學生的成績表現，「十二年國教的理論」絕對是站得住腳、禁得起挑戰的。問題就在於，PR 值 90 以上的學生「大學學測成績」與是否「就近入學」到底有多大的關係？縱使不談這個問題，《就近與跨區入學高中學生學測成績分析比較研究》的樣本又具有多少代表性？

為了了解這個問題，我特別去看了教育部所公布的資料與圖表，結果發覺：不管從樣本的代表性，還是從「大學學測整體表現」與「就近入學」的關係來看，《就近與跨區入學高中學生學測成績分析比較研究》所提供的數據，還真是「禁不起考驗」。

1 教育部的「社區高中」怎麼算的？

首先，我將從《就近與跨區入學高中學生學測成績分析比較研究》所列的數個圖表開始談起。一開始我們要來探討的，是廣爲各家媒體（包括聯合、中時、自由三大報）所報導的「跨縣市就讀前兩志願高中與留一般社區型高中就讀之成績比較分析圖」，也就是教育部新聞稿的「圖五」：

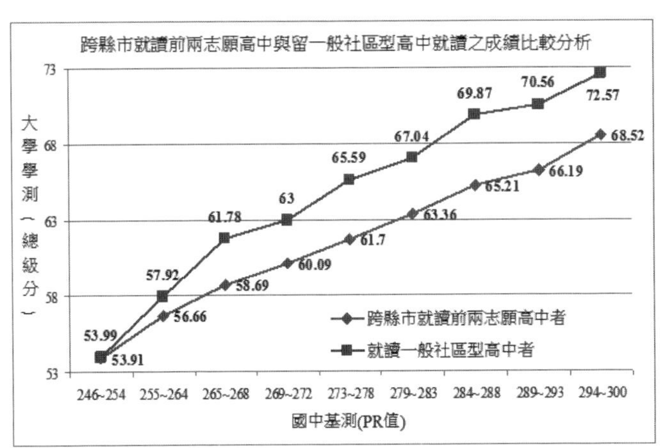

縱然不提兩組樣本數的巨大落差，數據圖中對於「樣本」的選擇就是有問題的。最爲外界質疑的，便是「社區高中」的抽樣。根據媒體的報導，教育部取樣的「一般社區型高中」共二十一所，包括宜蘭高中、蘭陽女中、羅東高中、花蓮女中、花蓮高中、台東高中、台東女中、金門高中、馬公高中、苗栗高中、苑裡高中、清水高中、大甲高中、中興高中、竹山高中、溪湖高中、北港高中、新營高中、旗美高中、屏東女中、屏東高中。

✦「社區高中」樣本：過半為縣市第一志願

照理來說，如果這份研究真的有心要做比較，應該是拿都會區的明星高中與同地區的一般高中來比，但是在教育部的樣本中，「東部明星高中」竟然占了取樣學校的三分之一。

另外，南投的「中興高中」與苗栗的「苑裡高中」雖然不是所在分發區的明星學校，但這兩所學校都是「所在縣市」的第一志願。

最後，抽樣學校連離島地區的高中（金門高中、馬公高中）也搬出來了，但是澎湖、金門兩縣也都只有一所高中啊。這不也是變相的「第一志願」嗎？

✦「六大都會前兩志願」怎麼定義？

除此之外，在教育部不公布二十七所取樣的明星高中的情況下，「六大都會」與「前兩志願」的定義就變得模糊不清，而具有了可操作空間。

在「前兩志願」的定義上，到底是一個分發區「國中基測分數最高的兩所學校」呢？還是「男、女生的前兩志願高中」都包含在內呢？以教育部取二十七所學校作爲樣本的情況來看，後者的可能性是較大的。

如果教育部的定義眞的是「後者」，那麼將新營高中列入社區高中顯然是不合理的。因爲就台南區國中基測成績而言，撇開第一志願的南一中、南女中不談，新營高中和該區其他幾所「第二志願」（南二、家齊、大灣）錄取分數不相上下，或者說，在台南區已經形成了一個穩定的「第二志願群」，而新營高中是其中一所學校。

學校	92年	93年	Pr值	94年	Pr值	95年	Pr值	96年	Pr值	97年	Pr值
家齊女中	250	251	90	245	89	246	89	254	88	261	88
台南二中	243	245	88	240	87	245	88	254	88	258	86
新營高中	243	243	87	242	88	246	89	248	85	263	88
大灣高中	242	244	87	237	86	240	87	249	86	260	87

（資料來源：http://classweb.loxa.edu.tw/chuaan/news/92-97PR.xls、http://163.26.12.3/mysite3/final_exam/97score.htm）

照理來講，教育部的研究報告應該不會出現「同時將新營高中列入明星高中與社區高中」的情形，因爲這樣就產生「重複取樣」的問題。但是否有「將其他台南區的高中列爲『都會區前兩志願』，而將新營高中列入『對照組』」的情形發生？沒有人敢保證。

同樣的，不管是教育部的「都會區」，還是媒體（如中時、自由）所稱的「西部六縣市」，除了臺北、台中、台南、高雄以外，「剩下兩個」到底是哪兩個縣市？單就人口數來論，最有可能的應該是桃園、彰化。但若以「學測分發區」來論呢？竹苗區包含了新竹縣市與苗栗縣，人口也破百萬，而嘉義、屏東也將近百萬人口（雖然人口數不等於考生數量，但就此推估「雖不中亦不遠矣」）。那麼屏東高中、屏女爲什麼不能算「六大都會前兩志願」呢？

而關於「社區高中」學生來源的要求，在《聯合報》〈數據會說話 也會說謊〉[28]這篇文章中這麼提到：

用來與其[29]相較的，則是主持研究者口中有「嚴格操作定義」的社區高中，也就是區內有學生流出到外區，卻沒有外

[28] 資料來源：http://mag.udn.com/mag/campus/storypage.jsp?f_MAIN_ID=171&f_SUB_ID=123&f_ART_ID=98662。

[29] 指明星高中。

區學生流入、通常是較為孤立的地區，在此定義下，如板橋高中還會有桃園的學生來念，就不算是「社區高中」。

但是教育部沒告訴我們的是：有些學校雖然沒有「外區」的學生就讀，但是「高中本身」招生就跨了兩個分發區。苗栗的苑裡高中與雲林的北港高中就是跨區招生的學校。

這樣東扣西扣的結果，「眞正的」社區高中最後還剩幾所？

教育部「社區高中樣本」總體檢	
東部明星高中	宜蘭高中、蘭陽女中、羅東高中、 花蓮女中、花蓮高中、台東高中、台東女中
縣市第一志願	苑裡高中、中興高中
離島學校	馬公高中、金門高中
分發區「前兩志願」	新營高中、屏東高中、屏東女中
跨區招生	苑裡高中、北港高中

✦ 原來「樣本分割」就可以做統計！

接下來我們要分析的是「都會區前兩志願不同來源學生成績比較」，也就是教育部新聞稿的「圖四」：

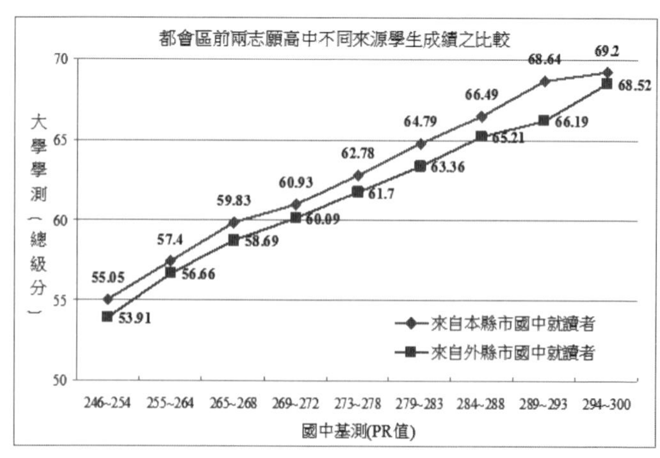

照這張圖表來看，教育部想要表達的是「來自本縣市的」前兩志願學生成績表現比「來自外縣市的」好。然而這些「外縣市的學生」不讀前兩志願而改念住家附近的社區高中，會不會連這張圖上的表現都無法達到呢？

爲了解決大家的疑惑，這份研究再做了一張「就近入學與跨縣市就學學生」的比較圖[30]：

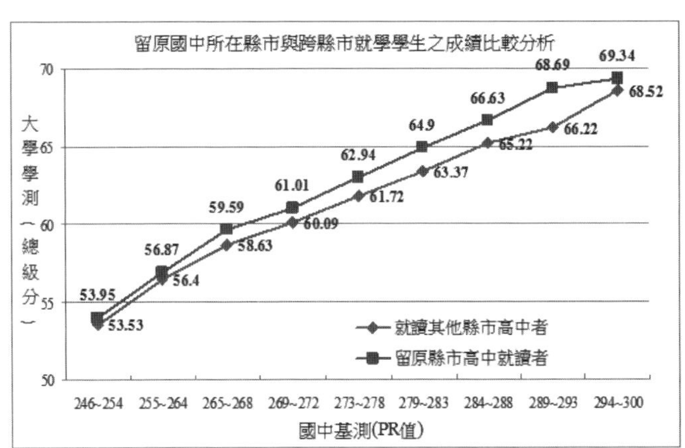

但是根據「圖二」、「圖四」兩張圖表，我可以合理的懷疑這只不過是將「跨縣市就讀前兩志願高中與留一般社區型高中就讀之成績比較分析圖」的「社區高中」拆開成「留在原縣市的」與「來自外縣市的」，再將「拆開後的樣本」與「都會區前兩志願不同來源學生成績比較圖」的數據做結合。因爲將「都會區前兩志願不同來源學生成績比較圖」與「就近入學與跨縣市就學學生圖」兩張圖表疊合起來，差距太有限了：

㉚ 指教育部新聞稿的「圖二」。

國中基測成績	245～254	255～264	265～268	269～272	273～278	279～283	284～288	289～293	294～300
就讀其他縣市高中	53.53	56.4	58.63	60.09	61.72	63.37	65.22	66.22	68.52
前兩志願學生（來自外縣市）	53.91	56.66	58.69	60.09	61.7	63.36	65.21	66.19	68.52
平均差	0.38	0.26	0.06	0	0.02	0.01	0.01	0.03	0
留原縣市高中	53.95	56.87	59.59	61.01	62.94	64.9	66.63	68.69	69.34
前兩志願學生（來自本縣市）	55.05	57.4	59.83	60.93	62.78	64.79	66.49	68.64	69.2
平均差	1.1	0.67	0.24	0.07	0.16	0.12	0.14	0.05	0.14

0　小於 0.1　小於 0.5　0.01　小於 0.2

來自外縣市國中的「前兩志願高中生」與「就讀其他縣市高中」的兩組數據作比較，九組間距中，有七組平均差小於 0.1 級分，其中兩組平均相同、兩組僅相差 0.01 級分，而平均差最大也僅 0.38 級分。

你可以說大於 0.1 級分的那兩組純屬巧合，但是出現數據間相差不到 0.1 級分，甚至沒有任何差距的情形，這要怎麼解釋？

✦「完全中學」是哪些學校？

除了「圖五」「社區高中」的取樣外，我們也同樣可以對「完全中學學生直升與就讀外校比較圖」[31]的「完全中學樣本」提出質疑。

全臺灣公立中學附設國中部的有將近八十所學校，這些學校大多是由縣、市立國民中學升格而來，因此高中部錄取

㉛ 教育部新聞稿的「圖三」。

分數上往往不如舊有的「國立學校」。然而，並不是所有完全中學都是這種狀況，師大附中、實驗中學、高師大附中甚至還是當地的「明星高中」，其他像大同、中崙、大直也都位居基北區前幾志願。

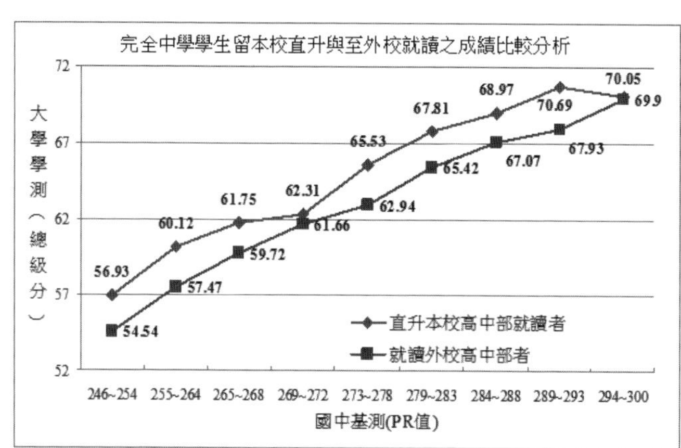

而且，不是所有學生都有「直升高中部」的機會，絕大多數的國中生還是要歷經「考試入學」這一關。

因此，當我們在看這張「完全中學學生直升與就讀外校比較圖」時，最起碼要想到兩個問題：

1. 國中基測成績高於 270 分而選擇直升高中部的學生，所讀的「完全中學」究竟是哪間學校？
2. 低於 270 分而不選擇直升的，是否就一定就讀明星高中？有沒有因爲分配不到自家學校的「直升名額」而被迫「出走」的可能？

14620 V.S 2480
——統計所未能反映的真實

《就近與跨區入學高中學生學測成績分析比較研究》的問題，除了樣本的選擇以外，兩組樣本間懸殊的差距，也讓這份報告的可信度打了折扣。

照理來說，如果要對兩組不同的對象進行比較，兩者的「母體」與「樣本」數據大小都應該要很接近，所得到的結果才會有意義。倘若兩組樣本的數據落差過大，要不就是其中一組樣本數量太少、不具代表性，要不就是這兩組要比較的對象本身就存在著極大的落差。而《就近與跨區入學高中學生學測成績分析比較研究》數據的問題，基本上偏向後者。

就拿這份報告裡面的「就近入學與跨區就學比較圖」[32]來說，雖然這張圖表要表達的是「留在原分發區就讀」的學生大學學測成績比「跨區就讀」的還要好，但由於臺灣西部的高中登記分發區土地或人口都有一定規模，只要所在分發區有明星學校，基本上都會選擇「在地就學」，所以除了少數一兩個縣市以外，跨區就讀的情形已經非常少見。既然訴求對象不是一般大眾，製作這張圖表的意義又是什麼呢？

㉜ 指教育部新聞稿的「圖一」。

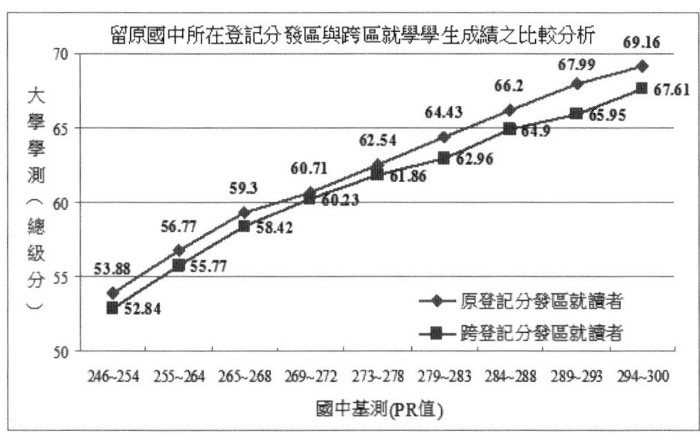

✦「以量取勝」：人數占絕對優勢的明星高中

相對於「就近入學與跨區就學比較圖」，前面我們所提到的「跨縣市就讀前兩志願高中與留一般社區型高中就讀之成績比較分析圖」則剛好相反：明星高中的抽樣人數有14,620人，而社區高中卻只有2,480人。那麼「社區高中學生學測成績比明星高中學生還要好」這件事到底是「特例」還是「常態」？

既然教育部的「數據」是95、96年參加大學學測考生的成績，而推甄第一階段又只看學測級分，就讓我們來看看台大96年推甄第一階段的結果㉝：

學校推薦			個人申請		
總名額	六縣市「前二志願」		總名額	六縣市「前二志願」	
	人次	比例		人次	比例
756	341	45.1%	2723	1296	47.6%

㉝ 這份錄取結果並未包含離島生與原住民外加名額在內

在不知道教育部這份研究報告的「西部六縣市前兩志願」所指爲何的情形下，我們就假定「西部六縣市」爲臺北、桃園、台中、彰化、台南、高雄，「前兩志願」的標準「從嚴認定」爲該縣市國中基測「最低錄取分數」最高的兩所學校。而除了桃園以外，由於過去男女分校的因素，其他都會的「前兩名」皆爲該地區男生與女生的「第一志願」，因此我們再將桃園的「第二志願」扣除，剩下的學校共十一所：建中、北一、武陵、中一、中女、彰中、彰女、南一、南女、雄中、雄女。

結果這十一所學校的應屆畢業生，就占了台大第一階段錄取人次將近一半！

而且別忘了，上面的結果是還沒有將西部地區其他明星高中算進去的情況！如果將基北區的二、三志願[34]與其他「次都會」的明星高中[35]，以及獨立招生的實驗中學算進去的話，就會是下面的結果：

學校推薦				個人申請			
其他西部明星高中		西部明星高中總計		其他西部明星高中		西部明星高中總計	
人次	比例	人次	比例	人次	比例	人次	比例
190	25.1%	531	70.2%	703	25.8%	1999	73.4%

剩下的不到三成，你以爲就一定是社區高中的嗎？不見得。還有其他私校的升學班、醫科班、東部地區的明星高中，以及一定數量的重考生在等著排隊。這樣「東扣西扣」下來，社區高中還有多少機會？

㉞ 這裡指附中、成功、中山、松山（政大附中第一屆當時尚未畢業）。
㉟ 這裡指竹中、竹女、嘉中、嘉女。

也許有人會質疑：第一階段也有「重榜」的可能呀！但是大家要曉得，雖然一個人最多可以報名五、六個校系，但是推甄第一階段各系的錄取人數也是實際招收名額的至少兩、三倍！而且縱然第一階段有人重榜，但是「第一階段沒過關就是沒過關」，不會有「遞補錄取」的機會！

當然畢竟第一階段「重榜」的問題不可避免，而且不能代表實際錄取情形，那我們就來看看推甄結束後「統一分發」的結果好了。除非考生放棄報到，否則這就是推甄最後的錄取情形：

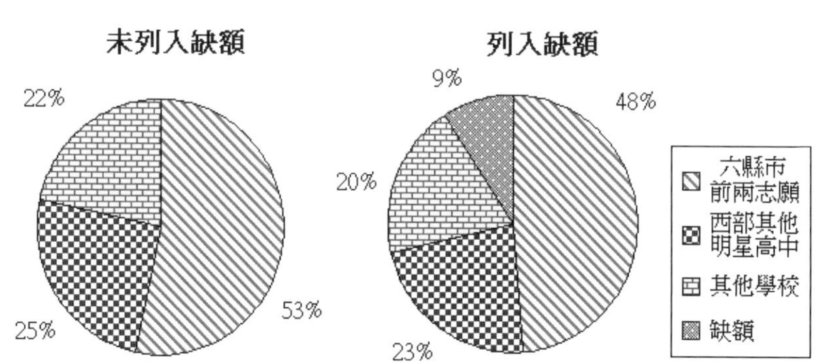

由此可見，台大推甄入學的學生，明星高中所含比例皆和第一階段結果相去不遠；然而與此同時，台大各系產生的缺額竟然接近十分之一。這也印證了我在前面章節提到關於推甄第一階段的缺失：一般人都認為大學推甄第二階段的考試對弱勢、偏遠地區學生較為吃虧，事實上這些學生大多在推甄第一階段就沒有機會了！

高中推甄數據如何取得？

各位一定很好奇，「明星高中推甄」的數據哪裡來的？

其實要取得這些資料並不困難，只是整理資料花時間而已。最笨的方法，也只要上大學甄選入學委員會官網，點選網站上的「篩選結果查詢」與「分發結果查詢」，就可找到第一階段通過名單與各校系分發名單——

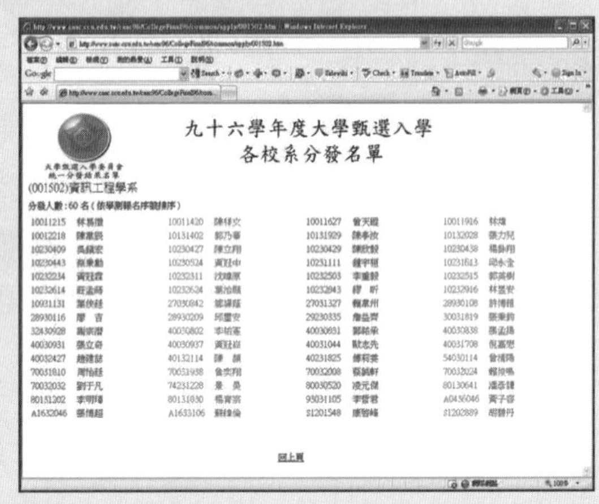

接下來就是「內行看門道，外行看熱鬧」了：只有考生姓名和學測報名序號，如何判斷出誰是哪一所高中呢？

事實上，不同於准考證號碼「只認考區不認人」，學測報名序號是有一定的意義的：只要大學學測不是個別報名，學測報名序號的「前三碼」就是學校的代碼。至於每所高中代碼為何，在推甄簡章的附錄就有「學歷代碼暨推薦學校一覽表」。

而隨著網路上相關的程式系統陸續開發完成，資料蒐集也不再像過去那麼費事。比如「歷屆大學甄選入學榜單查詢服務」網站 (http://exam.derekr.com/cgi-bin/exam3a_intersection_U.cgi) 就提供 2006 年以後「第一階段」考生與大學校系交叉查詢。而台大資工系則有學生開發出了一套交叉查榜系統 (http://exam.benck.tw/cross)，可以查詢當年度「第二階段」各高中 (與大學各校系) 錄取榜單，以及各考生實際分發情形。另外，不像一般媒體直截擷取大學榜單而未加分類，這兩套系統都有將「應屆畢業」與「重考生」作區隔 (後者還有將「離島生」與「原住民」外加名額標示出來)，更能反映各高中實際升學狀況。

有興趣的網友可以自行上網去「查對」，一來看看我的資料是不是在亂講，二來也可以比較一下其他學校 (清、交、政、陽明) 跟台大錄取結果的異同。

 原來教育部支持能力分班？

其實教育部《就近與跨區入學高中學生學測成績分析比較研究》這份報告最大的問題，並不是關於社區高中的定義，也不是兩者樣本數據差距的懸殊；最關鍵的是，這份報告所標榜的「社區高中」，不同班級之間的升學表現就存在著巨大落差。換句話說，社區高中學生「傑出的升學表現」，「就近入學」的影響成分可能就要打折扣了。

✦「蘭陽女中」型：資優班與普通班的懸殊差距

以蘭陽女中爲例，如果將該校所提供的「升學榜單」做成統計表格的話，這份榜單告訴我們：312（語文資優班）與 313（數理資優班）任何一班，台清交等「名校」錄取人數竟然都超越 301 班到 309 班人數的總和！

班級	301 ～ 311	312	313
台清交成政 + 私校藥學	5	18	9
班級人數	473	25	27
國立以上（%）	18.18%	92%	70.37%

（蘭陽女中 2009 年升學榜單）

蘭陽女中如此，其他學校也好不到哪裡去。給大家看看 2009 年和 2010 年這些「社區高中」的「升學成果」就知道了——

班級	301 ～ 310	311
台清交成政陽＋醫科牙醫中醫	22	20
班級人數	403	30
國立以上（%）	31.02%	100%

（花蓮高中 2010 年升學榜單）

班級	301	302 ～ 310	311
清交成政	2	2	7
班級人數	34	393	34
國立以上（%）	79.41%	38.68%	82.35%

（中興高中 2010 年升學榜單）

班級	301	303	302、304~307
清交	2	1	0
國立大學（累計）	16	19	15
班級人數	26+	33+	194+
國立大學(%)	61.54%	57.58%	7.73%

(竹山高中 2010 年升學榜單㊱)

班級	301 ～ 303	310	304 ～ 308	309
台清交成政陽＋醫科藥學	9	20	0	7
班級人數	136	27	226	28
國立以上（%）	29.41%	92.59%	18.58%	53.57%

（花蓮女中 2010 年升學榜單）

班級	301 ～ 306	307	308	309 ～ 313	314
台清交成陽	1	0	1	1	6
班級人數	218+	30+	40+	178+	40+
國立大學（%）	18.81%	60%	75%	28.09%	67.5%

（清水高中 2009 年升學榜單）

✦「宜蘭高中」型：前段、後段班的「升學等比級數」

宜蘭高中、羅東高中的升學狀況則是另一種型態：「資優班」考上台清交等名校的人數相當於所有「前段班」考上名校人數的總和，而「前段班」(以上)每班考上國立大學的人數，起碼都超越其他班級考上國立大學總和的二分之一：

㊱ 308 班以後主要升學管道爲科大，所以僅收錄 301 到 307 班的升學榜單。

	班級	305	303	307	302、304、306
文組	臺大、政大	13	5		0
	國立以上(累計)	33	20	20	19
理組	班級	313	310	312	308、309、311
	台清交成陽(理組)+醫科牙醫藥學	26	15		1
	國立以上(累計)	35	35	22	39

(羅東高中2011年升學榜單：305、313兩班爲資優班。該校升學情形可作爲這幾所學校的代表)

	班級	301	302～304				
文組	臺大、政大	3	0				
	國立以上(累計)	25	29				
理組	班級	313	310	312	305	306	307、308 309、311
	台清交成陽(理組)+醫科中醫牙醫藥學	22	16	12	6		1
	國立以上(累計)	26	34	21	24	24	42

(宜蘭高中2010年升學榜單：301、313兩班爲資優班)

	班級	301	302~304		
文組	臺大、政大	3	0		
	國立以上(累計)	24	22		
理組	班級	317	316	309、310、314	306~308、 311~313、315
	台清交成政藥學	7	8	5	0
	國立以上(累計)	26	34	59	54
	總人數	30	46	117	259

(屏東高中2011年升學榜單，317爲數理資優班)

也許有人會說，高中要如何辦學是學校的自由，你管他幹嘛？但是教育部既然以《就近與跨區入學高中學生學測成績分析比較研究》作爲鼓吹「就近入學」的論據，我們自然應該關心：**從這些「社區高中」的「資優班」、「前段班」與「普通班」升學表現的顯著差異來看，教育部的「訴求」是否可以這樣解讀——教育部不支持「能力分校」，但鼓勵「能力分班」？**

再說啦，當時的宜蘭高中的校長還是這份專案的主持人（而且一直執掌該校至2011年），我們難道不能了解一下：**「貴校同樣是普通班，『前後段』程度差那麼多，是因爲某些班級老師有什麼特別的方式啓發學生，還是這些班級的學生天生領悟力就高人一等？」**

關於考試升學的問題，2007 年師範大學教育所研究生黃春木的博士論文《臺灣社會的升學主義的發展與解決對策》也提出了一些特別的見解，可以做為我們的參考。

一般而言，晚近的研究大多將學歷作為「階級複製」中很重要的一環，然而作者主張，在這種情形下，學歷對於多數人而言將如同日本殖民時期一般「可望而不可及」，重要性也不該被高估。但事實上，正是經由小康、乃至清寒子弟的教育成就，與日後隨之而來的社會流動，學歷的價值才明確的被證明。

另外，作者對於「廣設高中大學」、「消滅明星高中」也有不同的看法。在「廣設高中大學」方面，作者認為：

1. 「廣設高中大學」在社會價值取向上，很難與「文憑主義」劃清界線，反而是在「鼓勵大衆升學」。
2. 「廣設高中大學」後更加突顯中高等教育「階級化」的現象：在高中方面形成高中、綜合高中、高職的上下排序；在大學方面，有沒有大學學歷則被「哪一所學校畢業」取代。而公私立學校差距懸殊現象，可能只是讓中下階層子弟被迫在大量昂貴卻未必優質的私校中做選擇。
3. 縣市立國中大量改制為完全中學的結果，造成各縣市財政負擔。

而在「消滅明星高中」的部分，作者則認為：

1. 明星高中的存在所關連的是進入熱門校系的升學成就，因此光是「高中入學免試」並無法達成目標，而縱使「學區制」、「十二年國教」有可能消滅「現有明星高中」，仍然會促使「新明星高中」產生，這些學校特質會不會更加「升學主義化」？
2. 如果不能從「高中升學」端達成目標，我們能否接受「大學免試」呢？
3. 「學區制」的問題在於它出自一種「虛無的假設」，就是認為每個地區學生質量是相當的。然而在資源條件、社經地位差異的情況下，可以預期「新明星高中」應該還是會出現在環境較好的地區。
4. 而從邏輯來看，越區就讀其實是劃分學區的結果。試圖「拉平所有高中」，基本上只能規範公立學校。而學費昂貴的私立明星高中可能大幅增加，既反映社會階層化，又能囊括更多高教資源。
5. 「新明星高中」出現外必然付出的代價：原有明星高中的「傳統」、「學風」可能將一去不返，縱使這些學校辛苦維持住地位，會不會變成更為「升學主義優先」？

蝦米！郭台銘讀的是名校！

看到這段標題相信大概很多人會嚇一跳，因爲在大家的印象當中，郭台銘只是中國海專畢業。而這所學校，套句作家吳祥輝的話來說：「用建中或北一女的標準，讀到這種學校，乾脆死了算。」[37]

但是寫這段標題的意義並不是反諷，我只是想透過「郭台銘念的學校」弄清楚一件事。

在葛拉威爾的《異數》這本書裡面提到作者對於「成功者」的觀察，發現不是最聰明的人就能成功，努力也不見得是成功的保證。而影響成功的關鍵因子，作者將它歸類爲把握「機會」的智慧。

也許正是因爲這本書讓我開始重新思考，既然「志願競爭」的現象並不是現在才有，對於過去的初中生而言，他們的「機會」又是什麼？最好的選擇除了「拚志願」、升高中，還有沒有別的？

當我對郭台銘念書的時代背景稍微做了探究以後我才發現，唉呀，原來我們是從「現在的角度」看問題，實際情形跟我們想的好像不太一樣。

[37] 這句話出自吳祥輝的著作《我是被老師教壞的》。

✦「郭台銘時代」：誰說非得念高中？

在這裡我必須要先介紹一下當年五專的招生方式。和公立高中聯招不同的是，五專考試是「公私立聯合招生」，招生學校也不像高中侷限於當地縣市，以「北區」爲例，招生學校就遍及北臺灣。另外五專的招生方式也不是「塡志願」，而是考前報名想要的學校，因此一所學校的「好壞」，從錄取率就可以直接反映出來[38]。

重新回到郭台銘的學習歷程，「郭董」是中國海專第一屆畢業，也就是說他應考的年份是 1966 年，根據《聯合報》當年的報導，那一年臺北前三志願錄取率爲 21.36%，而中國海專的錄取率則是 23.84%。如果要以「錄取率」作爲衡量標準的話，「郭台銘念的學校」比公立高中還好，甚至不輸給臺北前三志願！

<table>
<tr><th colspan="2">招生區</th><th colspan="2">臺北[39]</th><th colspan="2">基隆</th><th colspan="2">新竹[40]</th><th>桃園[41]</th></tr>
<tr><td rowspan="2">招生人數</td><td>男</td><td colspan="2">4785</td><td colspan="2">518</td><td colspan="2">974</td><td rowspan="2">950</td></tr>
<tr><td>女</td><td colspan="2">3736</td><td colspan="2">519</td><td colspan="2">790</td></tr>
<tr><td rowspan="2">報名人數</td><td>男</td><td colspan="2">13229</td><td colspan="2">1736</td><td colspan="2">2140</td><td rowspan="2">2373</td></tr>
<tr><td>女</td><td colspan="2">9251</td><td colspan="2">1054</td><td colspan="2">1600</td></tr>
<tr><td rowspan="4">錄取率</td><td rowspan="2">男</td><td>前三志願</td><td>21.36%</td><td>基中</td><td>21.54%</td><td>竹中</td><td>35.04%</td><td rowspan="4">40.03%</td></tr>
<tr><td>公立</td><td>36.17%</td><td>公立</td><td>29.84%</td><td>公立</td><td>44.86%</td></tr>
<tr><td rowspan="2">女</td><td>前三志願</td><td>31.91%</td><td rowspan="2">基女</td><td rowspan="2">49.24%</td><td>竹女</td><td>43.75%</td></tr>
<tr><td>公立</td><td>40.38%</td><td>公立</td><td>49.38%</td></tr>
</table>

（1966 年北臺灣公立高中錄取情形[42]）

㊳ 當年北區五專整體錄取率雖然不滿四分之一，但是二十一所招生學校裡面，就有三所報名人數比錄取人數還少。

㊴ 臺北地區「前三志願」不包含各校夜間部在內。

㊵ 另外竹東高中爲單獨招生，計有 902 人報名，錄取 418 人，錄取率 46.34%。

㊶ 由於中壢、楊梅中學採單獨招生，因此兩校招生情形並未列入。

㊷ 由於公立高中聯招是採用塡志願的形式，所以在這裡不列入各校招生人數。

學校	招生人數[43]	報名人數	錄取率
大同工學院（五專部）	150	2283	3.57%
明志工專	250	4585	5.45%
臺北工專	338	5340	6.33%
省立護專	80	1153	6.94%
臺北醫學院（五專部）	120	535	22.43%
銘傳商專（五專部）	400	1710	23.39%
中國海專	400	1678	23.84%
國立藝專	25	90	27.78%
致理商專	350	1015	34.48%
明新工專	400	1100	36.36%

（1966 年北臺灣公私立五專錄取率排行前十名的學校）

<table>
<tr><th colspan="2">招生單位</th><th>招生人數</th><th>報名人數</th><th>錄取率</th></tr>
<tr><td rowspan="2">北市高商聯招[44]</td><td>公立日間部</td><td>1660</td><td rowspan="2">9498</td><td>17.49%</td></tr>
<tr><td>整體</td><td>5662</td><td>59.61%</td></tr>
<tr><td rowspan="2">（北市）高級工業、工農職業學校聯招</td><td>男</td><td>400</td><td>3715</td><td>10.77%</td></tr>
<tr><td>女</td><td>100</td><td>35</td><td>需再行招生</td></tr>
<tr><td rowspan="2">新竹師專</td><td>男</td><td>90</td><td>997</td><td>9.03%</td></tr>
<tr><td>女</td><td>45</td><td>789</td><td>5.7%</td></tr>
<tr><td colspan="2">臺北女師專</td><td>180</td><td>約 4200</td><td>4.29%</td></tr>
</table>

（其他學校招生情形[45]）

[43] 省立護專與銘傳商專只招收女生。

[44] 這份聯招數據並未包含五年制高職部分。

[45] 除了新竹師範、北市高商聯招爲 1966 年的資料以外，臺北女師專的資料爲 1967 年、北市工業職校聯招則爲 1968 年。

確實，光看「錄取率」並不足以作為高職、專科不輸給公立高中的論據，還需要透過「報名人數」加以驗證。不過就是將報名人數納入考量，根據各校招生情形來看，基本上知名專科、職校「單一學校」的招生仍然具有半個以上「公立高中招生區」㊻的規模。

當然你也可以質疑郭台銘是不是考不上前三志願才去念五專。因為在教育當局的安排下，五專、高職的報名日期被刻意安排在公立高中聯招放榜之後㊼。但是從知名公私立五專，以及公立高商、高工錄取率低於公立高中、甚至比「明星高中」還低這件事情來看，你不能否認的是，當時的初中生並非只能依循「拚高中」（或者講說「拚高學歷」）這樣的一元價值觀在走。事實上，縱然 1972 年五專聯招的報名、考試日期與公立高中聯招已十分接近，整體錄取率仍舊維持在兩成左右，依然低於公立高中。㊽

這種主客觀的矛盾、認知差異同樣也出現在相關的研究當中。章英華等人合著的《教育分流與社會經濟地位 兼論對技職教育改革的政策意涵》，分析國科會所資助的「臺灣地區社會變遷基本調查」樣本後發現，「高學歷」不但第一份工作好、升遷機會大，即使職務和低學歷者一樣，拿到的薪水還是比較多，社會地位也能獲得較高的評估。但根據同一

㊻ 當然，要任何一間五專、職校的報名情形如「台北公立高中聯考」一般是強人所難，因此這裡所指的「公立高中招生區」是基隆、桃園、新竹這類招生區作為基準。而倘若將性別因素納入考量，還是有幾所學校的報名人數，達到約半個「台北公立高中聯考」的報考規模。

㊼ 在 1968 年以前，公私立五專招生報名日期都還在公立高中聯招放榜之後；而在 1971 年以前，五專聯招都是等公立高中放榜後才開始考試（1971 年五專聯招則還在公立高中放榜當日）。

㊽ 而如果將原本報名、考試日期就和公立高中接近的「師專」也列入考慮，「高中優先、志願至上」的說法則更受挑戰。

份研究，眞正關係日後就業、生涯發展的因素，在於是否接受中等教育，而不在於「你念的是高中、高職還是五專」㊾。

✦ 我們的時代：升學教育、「教改」總體檢

了解「郭台銘這一輩」所處的時代環境，我們就要回頭來檢視現今臺灣升學體系的困境所在。

基本上，「拚升學不是唯一選擇」的時代背景如今已一去不復返了。這當中多少受到經濟發展後，臺灣產業升級、轉型的影響。以郭台銘讀的中國海專爲例，隨著經濟發展，海員的薪資漸漸比不上「坐在辦公室」來的有吸引力，海專的排名也就漸漸從「前幾志願」變成「沒人想要念」。網路上的一篇文章〈海專與八大名校的「決戰中華路」〉對中國海專的「興衰」，就有非常生動的描述㊿。

不過當前臺灣教育體系最大的問題，不是時空變遷所造成的影響，而是教育當局把過多的心力投注於「量」的追求，而非「質」的追求上。「廣設高中大學」就是一個極大的敗筆。

以中學而言，爲了緩和高中升學的壓力，從 1990 年代開始大量的讓直轄市、縣市立國中升格爲完全中學，結果除了直轄市的公立學校狀況稍好之外，對各縣市財務都造成了沉重負擔。想必當初那些做決策的人並沒有想過，1960 年

㊾ 之所以同一份樣本會有如此截然不同的結果，這份研究是將它歸因於過去上高中、五專的機率都不大的緣故。不過我個人認爲不同學校之間的競爭也應納入考慮，因爲有些高職、專科錄取情形可媲美明星高中，然而有些學校卻乏人問津；相對的，在高中的選擇上，私立中學就沒有公立中學那般受青睞。這也就是爲什麼到了 80 年代國中生就學機會率已超過百分百，升學競爭卻依然激烈的緣故。

㊿ 有興趣的可以看：http://mypaper.pchome.com.tw/kuan0416/post/1310531182。

代之所以要「省辦高中、縣市辦初中」，就是因爲觀察到省縣之間資源的差距才會做此決定的。

「廣設大學」的結果更糟，「新設的大學」大多是由專科改制、升格而來，然而各校的師資、設備並沒有跟著提升，最後讓「一流專科」變「三流大學」不說，中等教育升學管道的多元性也被破壞了——他們不能像過去的學生一樣有好的專科可以選擇！

而最爲人所詬病的地方在於，「廣設高中大學」之後，只是讓學生的「文憑」提升了，卻沒有連帶提高學生的知識水準，「七分上大學」成爲高等教育的標籤。相對的，有沒有大學畢業則被「是不是念名校」取代，競爭依然存在[51]。

因此，從過去失敗的教改經驗來看現在正在推動的十二年國教，我認爲，如果教育當局只是想要「讓不同的學生都能有適性發展機會」的話，與其將經費分散在眾多「社區高中」上，倒不如乾脆集中資源、砸大錢辦個一兩所好高職！

✦ 創造一個技職體系的「建中」很難嗎？

「明星高職」的構想也許聽起來像是天方夜譚，可是就目前整體環境來看，這個計畫其實是有一定程度的可行性。一來是隨著臺灣社會日趨多元化，大家漸漸開始接受不同價值觀的出現，而受到金融海嘯、全球不景氣等外在環境的影

[51] 當然「考試制度的統合」對於單一價值觀的形塑，也有一定程度的效果。在廢除聯考而改爲「國中基測」以後，公私立高中職的分數全部被放在同一個天秤上衡量。然而由於社會對高中職的刻板印象早在廢除聯考之前就已形成，因此國中基測的量尺分數對價值觀的影響可能沒有那麼大，頂多只是扮演價值觀「確立」的角色而已。

響，也讓大家體認到「文憑再高不如一技在身」。隨著這些觀點的萌芽，公立高職的分數也逐漸超越社區高中的水平，某些學校的職業類科錄取分數已經達到明星高中的水準㊿。

這也就是我對「十二年國教」感到憂心的所在，因為就算「免試入學」、「學區劃分」、「學費統一」能夠順利執行，所創造的結果也不過是「人人有書念」的「假平等」，骨子裡還是「單一的思維模式」——透過「廢除升學」來「消滅升學主義」，正好證明了主事者眼中只有「升學主義」。

然而教育的眞正意義，應該是讓不同的學生找到適合自己發展的機會，而不該侷限於單一的價值標準。教育當局既然能夠砸大錢補助社區高中、拉低學費差距，爲什麼不願拿這些資源幫學子們創造一個比「拚升學」更好的誘因、環境？

✦「十二年國教」不是這樣搞的！

相對的，如果教育當局認爲延長國教有其必要性，那麼它就必須要有足夠的證據說服人民：**十二年國教不是把學生送到學校，然後「由你玩十二年」**。

國民教育眼下正面臨兩個挑戰：一個是各縣市教育資源分配不均，造成「偏遠學童愈來愈無法翻身」；另一個則是學生程度的控管問題，我們的教育不單是忽略了對學生基本程度的要求，講難聽一點，連一個受過完整國民教育的學生應該具備什麼樣的程度，我們都搞不清楚。

這兩個問題衍生的社會現象是什麼？美國的「十二年國教」就是個血淋淋的教訓。2006 年 4 月 17 日美國《TIME》雜誌的封面報導 Dropout Nation 指出：雖然少數「死硬份子」

堅稱中輟情形沒有那麼嚴重，頂多 15% 到 20%「而已」，但大部分研究人員認爲全美公立中學有 30% 左右的學生「無法畢業」（也就是中輟）。東北大學的調查則發現，將近半數 16 到 24 歲的中輟生找不到工作。

而就算我們採用最「保守」的統計數據，一所學校中輟生比率有 15% 到 20%，難道不算高嗎？

也許各位對數字沒有什麼概念，沒關係，我就舉個實例來說明美國教育環境有多大的落差。在《商業周刊》第 1076 期〈出身彰化 年收入五億的牙醫〉的報導中，提到了故事主角陳俊龍醫師在美國求學的情形，他的寄養家庭所在密西根州賽吉諾縣，全鎮只有一所學校，一到九年級一起上課，所學的內容都是他早就在臺灣學過的。這個小鎮沒人讀過大學，如果不是他的小學同學告訴他「外面的世界」，搞不好他還會一直以爲全世界最好的大學就是「安息日教會大學」[52]。

所以對於教育當局而言，「學費齊一」、「免試入學」根本不應該是推動十二年國教的「當務之急」，眞正需要操心的，是要想辦法趕快彌補現有九年國教的資源差距（而光是這一塊就夠教育部煩了）。同時也必須對畢業生的「基本水準」加以界定、監督[53]，一來確保畢業生都能具備應有的素質，二來也能拉近學生之間的學習差距。

[52] http://www.businessweekly.com.tw/webarticle.php?id=33685。

[53] 畢業生（或是在學生）集體會考也許是一個可行的方式，題目不需要出太難，因爲這不是升學考試，只要學生能達到應有的標準即可。（過去中小學會考、抽考之所以被人詬病的地方就在於太像升學考試，教育當局只注重「哪些學校、多少人考高分」，而依此做爲評判學校辦學優劣的依據，卻不在乎「多少人沒法達到標準」。）

雖然我不敢說如果主事者忽略了這兩個問題不管，臺灣就一定會步上美國的後塵。但是我可以預見，九年國教的問題沒解決就想推動十二年國教，到最後縱然達成教育部所設定的「目標」，對學生卻是一點幫助都沒有。

高中　不想升學

不管是國中基測還是大學學測，倘若只是要做為一個「門檻考試」，僅需概略的設定「通過 / 不通過」的標準即可，對於入學的影響也不應該占很重的份量。但是從大學學測第一階段的「篩選倍率」，國中基測在各校申請入學所占比重、以及其做為分發的唯一標準來看，這兩個考試所代表的已經不僅是「門檻」而已，也就使得「教育部所想的」與「民意」產生極大的落差。

國中基測 / 北北基聯測是什麼東東？

在中研院研究員林妙香爲文抨擊國中基測計分不公之後，心測中心自 2009 年將計分方式做了大幅度調整，從原本的單科 60 分提升爲單科 80。而大台北地區 2011 年實行一屆就停辦的「北北基聯測」，雖然題目和國中基測有所區隔，但仍舊採用與新制基測相同的記分方式。究竟當年「舊制基測」出了什麼問題？而「新制基測」上路至今，眞的解決「舊有的問題」了嗎？就讓筆者仿照〈精打細算談量尺〉的 Q&A 方式[①]，來替各位回答。

✦ 為何 2009 年起要改採「新制基測」？

之所以 2009 年起改採「新制基測」，其實是「舊制基測」被「踢爆」計分方式有問題的緣故，中研院研究員林妙香的研究報告〈90-93 年度國中基測量尺及等化程序之個案研究〉[②]，實扮演了關鍵的角色。

談到〈90-93 年度國中基測量尺及等化程序之個案研究〉，就一定要說明這篇報告的內容。雖然當時媒體有報導，但是除了「分數計算有問題」、「不考二測吃大虧」這兩個「結論」外，對於內容並無深入探究，在此不得不向各位解釋一番——

① 資料來源：http://www.bctest.ntnu.edu.tw/documents/100QA_bctest.pdf。
② 參見《中國統計學報》，45 卷 4 期。

就「分數扭曲」的部分，在這篇報告中指出：

考生基測成績通知單 1-60 分的考科量尺分數是被「調整」過的，沒有按照公告所定的計分遊戲規則計算考科量尺分數，加入了莫名奇妙的「調整」：有的考科量尺分數是以最高分 64.34 計算的，有的考科量尺分數是以最高分 59.56 計算的。

年度	科目	答對題數	量尺分數	實際分數（未整數化）	年度	科目	答對題數	量尺分數	實際分數（未整數化）
90	國文	45	54	53.61	91	國文	49	55	55.36
		46	60	59.56			50	60	61.05
	英文	43	54	54		英文	44	60	59.53
		44	60	59.56			45	60	64.93
	數學	31	54	53.96		數學	30	56	55.94
		32	60	60.09			31	60	61.87
	自然	55	56	56.33		自然	57	57	57.11
		56	60	61.12			58	60	61.79
	社會	65	57	57.29		社會	62	60	59.75
		66	60	62.22			63	60	64.94

（90、91 年度國中基測「量尺分數」與「未整數化的實際分數」比較表 ③）

也就是說，各科量尺分數的最高分並非設定在 60 分，而且各科各年度皆不相同。

而最高分「人爲設定」的結果，所影響到的不只是高分的考生，幾乎所有考生都會受其影響，以 91 年度的數學科爲例：

③ 節錄自〈90-93 年度國中基測量尺及等化程序之個案研究〉「表二」。

答對題數	基測公告	正確算法（滿分 60 分）	相差（分）	答對題數	基測公告	正確算法（滿分 60 分）	相差（分）
0	1	1	0	16	30	30	0
1	2	4	-2	17	31	31	0
2	5	7	-2	18	33	33	0
3	8	9	-1	19	34	34	0
4	10	11	-1	20	36	35	1
5	12	13	-1	21	37	37	0
6	14	15	-1	22	39	38	1
7	16	17	-1	23	41	40	1
8	18	18	0	24	42	42	0
9	19	20	-1	25	44	43	1
10	21	21	0	26	46	45	1
11	22	23	-1	27	48	47	1
12	24	24	0	28	50	49	1
13	25	26	-1	29	53	51	2
14	27	27	0	30	56	54	2
15	28	28	0	31	60	60	0

（數學基測量尺分數「正確算法」與「人爲調整」比較表④）

如果將心測中心公布的「量尺分數」與林妙香研究員重新計算的結果相對照，就會發覺，除了「全對」、「全錯」，以及「分數在 30 分左右」的考生外，其他考生的成績都會與「正確算法」所得結果有一到兩分的差距。

爲了更進一步說明「公告成績」與「實際算法」量尺分數的關係，我將它做成了下面的圖表：

④ 節錄自〈90-93 年度國中基測量尺及等化程序之個案研究〉「表四」。

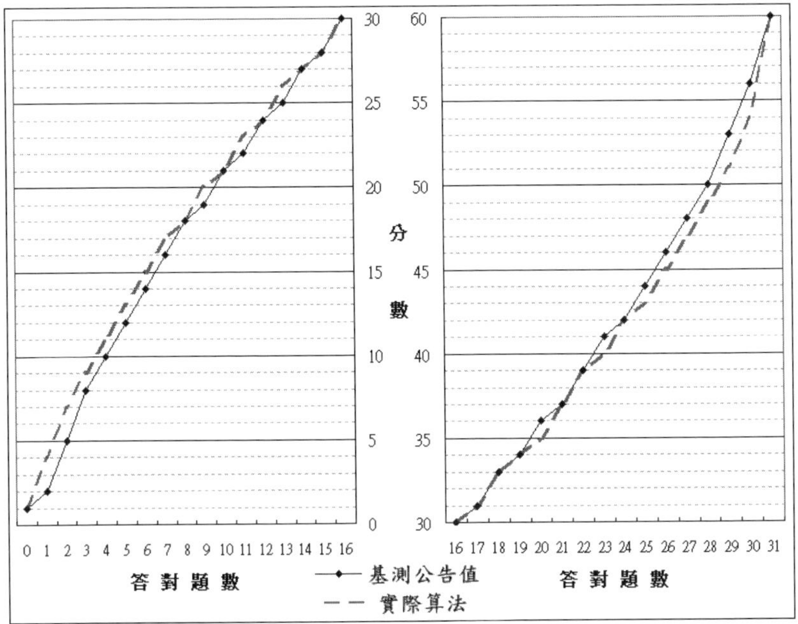

從這張圖我們可以知道，基測分數經「人爲調整」後，低分群的公告成績較「最高分設定爲 60 分」的結果還低。當然，以「最高分設定爲 60 分」計算的結果，高分群錯一題所扣的分數實際上還較原本（公告）的扣分來得重。

✦「舊制基測」算分方式有問題，那新制呢？

根據〈精打細算談量尺〉，新制基測的成績計算方式可以用「線性函數」的方式來表示，其公式爲——

1. 斜率 A ＝（60 － 30）/（全對題 －全體考生平均答對題）

2. 考生成績＝斜率 A ×（學生答對題數－全體考生平均答對題數）＋ 30 分

但是改成新制後，除了滿分設定在60分、考生的得分可以「自行計算」以外，對考生而言，「結果」可能比使用舊制還糟，根據〈精打細算談量尺〉所提供的「97年國中基測第一次自然科新舊量尺計算方式比較表」，我們赫然發現——

1. 高分群的分數差距縮小。

2. 「新制基測」低分群的得分比「舊制」還要難看。

答對題數		0	7	8	13	14	35	48	57	58
分數（舊制）	原始	-15.47	0.59	1.92	7.80	8.87	28.69	41.99	56.89	61.86
	量尺	1	1	2	8	9	19	42	57	60
分數（新制）	原始	-15.72	-6.58	-5.27	1.25	2.56	29.97	46.95	58.69	60
	量尺（未加20分）	1	1	1	1	3	30	47	59	60

至於為何會產生這樣怪異的現象，我將用下面的「新舊制基測原始得分對照圖」替各位做個總整理：

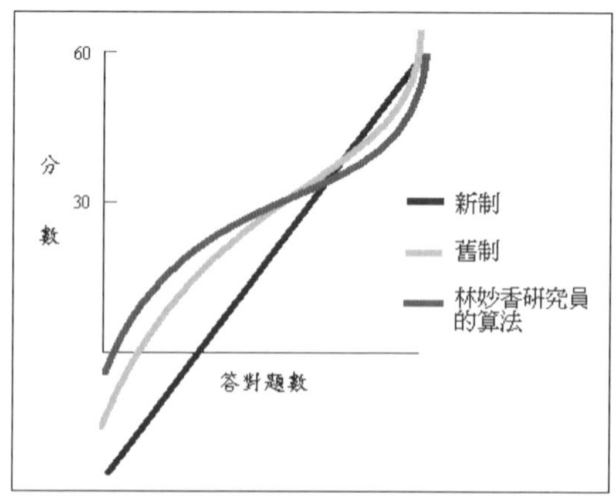

（新、舊制基測答對題數與原始得分對照圖）

1. 舊制基測的算法，滿分並不是設定在60分的結果，造成幾乎所有考生的分數都會出現偏誤，而且「滿分」的成績還要經過「手工調整」。

2. 如果按照林妙香研究員的「調整算法」將滿分設定爲60分，高分群分數可以拉開，而低分群的分數差距會縮小，原始分數也較不易出現「負分」的情形。

3. 新制基測雖然也是將滿分設定在60分、設定平均爲30分，但是每一題的得分都是一樣的。可是，傳統考試每一題給分不也都一樣嗎？

原始分數		最低分	平均	滿分
計分方式	新式基測	？	30	60
	傳統考試	0	？	60

而且，在考題爲「中間偏易」的情況下，將平均分數設定爲30分的結果，反倒比「舊制基測」更容易出現原始分數爲「負分」的考生。

如果你是考生，你會希望採用傳統考試的記分方式，還是像現在「新式基測」一樣，將平均分數設定爲30分，最後整體分數再加個20分？

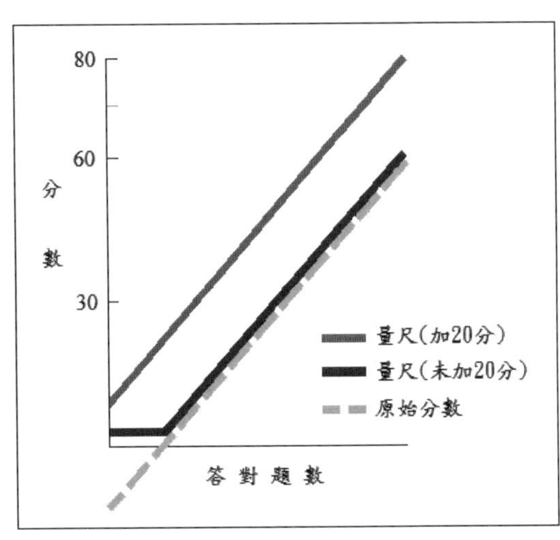

（新制基測「原始分數」與「量尺分數」對照圖）

✦「新制基測」計分方式改變，會不會加重高分群的分數競爭？

會，因爲計分方式改變、單科每題配分相同的結果，導致高分群分數的差距縮小，但是在題目難易度仍採「中間偏易」的情況下，可預期高分群考生「錯題數」不致有太大的變化。

除此之外，在分數差距縮小的情況下，以往「各科錯一兩題」較「單科錯多題」低分的情形也將不復見。而這些「各科錯一兩題」的考生的分數較舊制提升的結果，除了導致高分群的人數增多以外，也會從以往「分數」的競爭變成「錯題數」的競爭。前幾志願的分數往往是 1~2 分之差，競爭更爲激烈。

這種情形將有多嚴重呢？根據心測中心對外公布的比較結果，「若以今年（2008 年）基測兩次擇優的成績來計算，共有 3252 人達 PR99，但若改以明年實施的新量尺來計分，將有 4088 人達 PR99，比今年的人數多了八百多人，顯示高分群有很多人同分。」⑤

⑤ 資料來源：http://mag.udn.com/mag/campus/storypage.jsp?f_MAIN_ID=171&f_SUB_ID=123&f_ART_ID=148382。

PR 值所代表的意義，其實就相當於大衆所熟知的「百分比」，換句話說，每一個 PR 值的人數應該相去不遠才是。

因此要得知國中基測考生的成績分布，只要將不同 PR 值的人數除以他們各自的分數間距，就可以得知不同 PR 值中，每多一分所增加的人數（或者反過來說，每扣一分會掉多少名）。

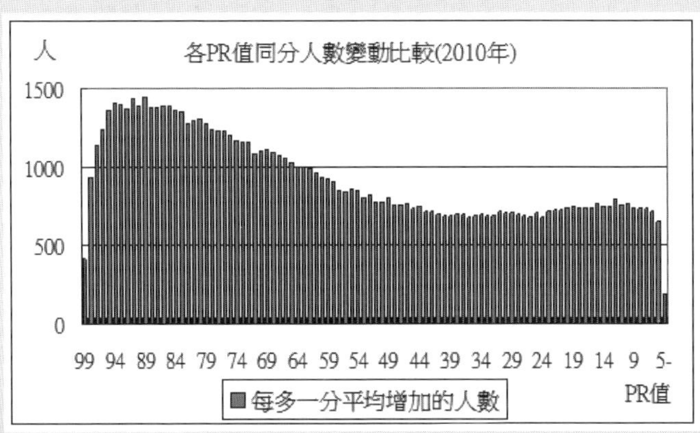

在國中基測改制之後，由於單科每題配分相同，一般所公認的「考題中間偏易」情形馬上就可藉由成績反映出來。以 2010 年第一次國中基測為例，PR 值 85 到 95 之間，平均每變動一分所增減的人數都在一千三、四百人左右；然而 PR 值 50 以下，平均每變動一分所增減的人數卻不到八百人。

看到近日家長團體大聲疾呼不要為了一、兩分拚得你死我活，我只有一個感覺：題目如此，怎麼可能！

✦ 為什麼林妙香研究員會認為「不考二次基測虧大」？

因爲按照 ACT 這類「標準測驗」的原理，基測考題的難易度不會有什麼變化，考生的成績在短期內也不會有多大改變才是。然而根據〈90-93 年度國中基測量尺及等化程序之個案研究〉，二次基測的平均成績比一測都高出幾分，會產生這種原因只有兩種可能：

1. 考生整體表現較第一次進步。
2. 二次測驗量尺並無等化（equating）步驟，只是單純進行分數連結（linking）。

而爲何林妙香研究員會認爲「後者」才可能是影響成績的主因呢？因爲在研究中她特意比較了「兩次學測都有參加的考生」的一測與二測成績，結果發現：

1. 93 學年度，「重複考生」兩次測驗的「各科平均答對題數」及「標準差」皆相近，二次基測總平均卻多出 5.0 分；92 學年度亦然，二次基測總平均多出 2.3 分。
2. 91 學年度，「重複考生」自然科平均答對題數相近，二次基測平均分數卻低於第一次約 2.0 分。同樣的情形也發生在 90 學年度數學科，第二次量尺分數平均值高於第一次達 2.2 分之多。

原始成績		國文	英文	數學	社會	自然
平均答對題數	第一次	35.1	30.6	21.5	44.4	37.5
	第二次	34.1	29.7	21.6	43.5	38.6
標準差	第一次	8.1	12.3	7.3	11.2	11.6
	第二次	9.3	11.5	7.3	11.3	11.6

實際平均分數	國文	英文	數學	社會	自然	總分
第一次	33.1	33.5	33.7	32.9	32.6	165.8
第二次	33.6	34.5	35.7	32.2	32.1	168.1
相差	0.5	1.0	2.0	-0.7	-0.5	2.3

（92 年度兩次基測原始答對題數與實際平均分數對照 ⑥）

⑥ 資料整理自< 90-93 年度國中基測量尺及等化程序之個案研究>表九（重複考生二次基測學科量尺分數平均數、總平均數）與表十（重複考生二次基測學科原始分數平均數、總平均數）。

原始成績		國文	英文	數學	社會	自然
平均答對題數	第一次	35.0	30.9	21.4	45.1	39.1
	第二次	35.3	31.0	22.3	45.8	39.7
標準差	第一次	8.7	12.3	7.8	11.4	11.3
	第二次	8.6	12.2	7.6	11.2	11.7

實際平均分數	國文	英文	數學	社會	自然	總分
第一次	33.3	33.8	33.6	33.1	33.0	166.6
第二次	34.2	34.3	35.0	34.6	33.5	171.6
相差	0.9	0.5	1.4	1.5	0.5	5.0

（93 年度兩次基測原始答對題數與實際平均分數對照 ⑦）

科目（年份）	平均答對題數		實際平均分數		相差
	第一次	第二次	第一次	第二次	
數學（90 年）	18.9	18.9	30.7	32.9	2.2
自然（91 年）	35.6	35.5	31.8	30.0	1.8

（90 年數學、91 年自然原始答對題數與實際平均分數對照表）

也就是說，二次基測分數較一測「墊高」的結果，「人爲因素」（測驗成績並無「等化步驟」）有很大的關聯。難怪林妙香研究員會認爲「只考一測較二測都考吃虧」。

當然，林研究員的論述還必須建立在一個前提上，就是：考生申請入學沒有上。因爲對於考生而言，二測「整體進步」的結果，也就相當於考生「統統沒進步」，如果申請入學有上，仍想去拚登記分發看看有沒有更好的結果，除非二測有「顯著的進步」（一、二十分跑不掉），或者對一測的成績非常有把握（必能上登記分發想要的志願），否則分發較申請的結果還糟絕非不可能的事。

⑦ 同前註。

之所以會產生「分數墊高」的問題，在於心測中心並未採用 ACT 或 ETS 的 IRT-3 參數模式，而採用 Rasch 的單參數模式建立題庫。雖然同樣是 IRT 轉換，但是 Rasch 模式的試題特徵曲線卻是建構在「試題鑑別度相同」，且「試題猜度爲零」的情況下。在聯合報「新制量尺基測問答」報導⑧中，對於爲何不使用 ETS 採用的 IRT-3 參數模式做爲分數計算的方式，心測中心做了如此的回應：

IRT 轉換法是最能反應考生真實程度，但這個計分法適用「中間偏難」的試題，國中基測社會大眾的共識是考「中間偏易」，中間偏易的題目採用 IRT 轉換法，數學錯一題可能扣 10 分，社會更不能接受。⑨

所以各位眞的要體諒當時教育當局爲了「順應民意」，而刻意「手動調整」的苦心啊！（當然，現在改成「新制基測」後，各科成績都是以應考生的平均爲基準做計算的，沒有「人爲調分」的可能。不過這能算是「新制基測」的「優點」嗎？）

⑧ 資料來源：http://mag.udn.com/mag/campus/storypage.jsp?f_MAIN_ID=171&f_SUB_ID=123&f_ART_ID=99634。

⑨ 事實上，在林妙香研究員批評國中基測的時候，心測中心就對爲何不採用 IRT-3 模式做出更詳細的「解釋」。他們認爲 IRT-3 即使用在同一個考科，都可能出現答對題數相同，但分數不一樣，甚至還會出現答對題數少，分數反而較高的不公平現象（資料來源：〈心測中心回應》等化不公？無重大瑕疵〉，《聯合報》，2007/06/22）。

但是相較於「各題分數不等值」，「二測分數墊高」對考生造成的影響不是更嚴重？更何況「各題分數差異」其實是因爲「題目難易不同」的緣故。如果硬要「每題等值」的話，直接恢復傳統考試的「百分制」不就得了？又何必設定什麼「量尺分數」、考什麼第二次？

✦「新制基測」中，作文扮演的角色？

照理而言，基測五科提高了100分而作文分數沒有變動，作文對總分的影響力應該會降低才是，何以作文反倒成為「決勝關鍵」呢？主要原因有兩個：

一是高分群競爭激烈的緣故。由於「各科錯一兩題」的考生的分數較舊制提升的結果，高分群同分的人數增加。在前幾志願的分數差距縮減為一、兩分的情況下，「一級分兩分」的作文自然扮演了決定性的因素。

另一是「扣分差距縮小」的緣故。在新制測驗的計分下，由於「每錯一題」的差距縮小，以往單科錯一題扣很多分的情形也將不復見。根據〈精打細算談量尺〉所提供的「新舊分數對照表」（P.5、P.6），以2008年第一次基測為例，各科只錯一題的結果：國文、數學分別從扣4分變為扣2分；英語、社會則分別從扣5分減為扣2分；自然從扣3分減為扣1分，作文「一級分兩分」的「價值」相對而言也因此提升（相當於從原來的「半題」提升為「1~2題」）。

根據這份資料，按舊制計算，作文四級分相當於國文（或數學）錯一題，但若換算成新制的話，作文則必須達到五級分，「扣分」才能相等。

但是教育部與心測中心只隨便丟了一個表格[10]，想「說服」我們「改成新制之後，考生分數差距仍然一模一樣」：

加分是「平移」的原因，假設採用新量尺計算方式下，甲和乙兩個六科總分差距16分的考生，無增加多少分，平

⑩ 見〈精打細算談量尺〉P.7、P.8。

移後還是相差16分（如下表所示），甲、乙兩生的排名順序也不會改變，寫作級分在平移前後的影響力及重要性並未增加或減少。

	基測總分	考生	考生5科總分	寫作分數	考生6科總分	考生6科總分差距
平移前	312	甲	270	12	282	16
		乙	260	6	266	
平移後	412	甲	370	12	382	16
		乙	360	6	366	

（甲、乙兩生國中基測量尺分數平移前後分數對照表⑪）

問題是，教育部與心測中心的計算方式是在兩者都採用「新制」的前提下（單科加20分與否的對照），卻刻意忽略了社會大衆所關心的其實是「新舊制對照的結果」。

除此之外，「同分比序」先比作文的緣故，作文的影響力會更爲增加。

更怪的是，有誰能告訴我，爲何作文和測驗題採用的是不同的「計分方式」？

✦ 結論：為什麼要設計這種制度來「荼毒」學生？

在2008年11月，前教育部長鄭瑞城接受《商業周刊》1096期專訪時，針對國中基測的問題，說了這麼段耐人尋味的話——

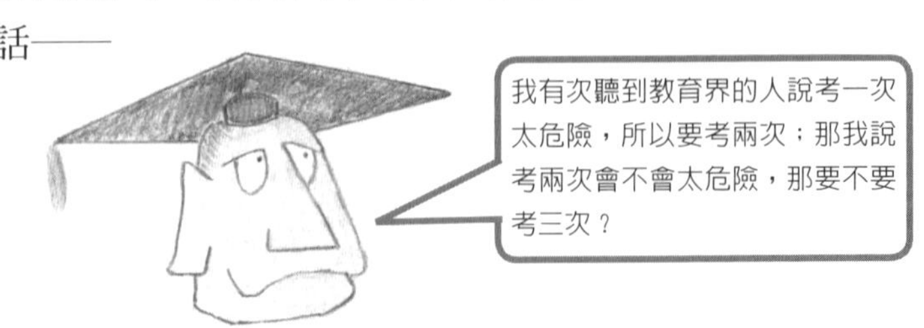

⑪ 資料來源：〈精打細算談量尺〉，表四。

現行「新制基測」的「線性記分方式」，有沒有受到這位教育部長的影響不得而知，但是從這段談話，我們可以看到教育首長對基測考試的一竅不通，也證明了近幾年「國中基測」制度的徹底失敗。

當初之所以會廢除聯考，就是因爲不希望「一試定終身」的緣故，所以我們才會採用「國中基測」、才會引進「美式測驗」的計分方式。而現行國中基測的問題，其實就在於對「『非』一試定終身」的誤解，誤解的不單是社會大眾，也包括引進這套機制的研究人員，甚至是教育當局。所謂「一試定終身」的「相對面」，不是在於考兩次、考三次還是考 N 次，而是眞正做到像托福這類「美式測驗」一樣：只要準備好，隨時都可以來考試；考試的成績還可以保留至少一、兩年，除非考生有更好的「下一次」。

但是現行「國中基測」的成績只能到當年度考試結束，就代表著考題的「不穩定性」；基測的滿分設定標準不一，則影響了大多數的考生；二次基測的「手動調分」，更是扭曲了「測驗等化」的方式……。由此看來，我們應該把基測的「失敗」歸因於「本身操作」不當，還是乾脆說，反對「一試定終身」這樣的觀點「害人不淺」？

如果是後者，我建議教育部：既然當時的教育部長都發表了這樣的談話，現在國中基測單科每題的分數又都一模一樣，倒不如把國中基測給廢了，恢復到以前的聯考制度，說不定更爲省事。

「分數」與「志願」

就如同 1964 年招聯會宣布不公布大學聯考各類組「狀元」，但我們還是每年都可以知道各類組「榜首」是誰一樣，教育當局要求各高中不得公布最低錄取分數，美其名是希望「避免營造明星高中的迷思」，但是這個政策出爐之後，我們還是年年看得到國中基測上「哪些學校」要「多少分」。

當然，雖然沒有關於「分數與志願」的全盤調查，但還是有「從部分角度」對高中升學端做評論，一份是台師大心測中心的「高中學生學業表現比較研究」，另一份則是《新新聞》的「全國公立高中排名」。「高中學生學業表現比較研究」主要是在探討兩兩志願間的升學表現差距，「全國公立高中排名」的基礎則是調查全台各高中錄取分數所得的結果。兩份調查抱持著相異的立場，但同樣都是以「高中錄取分數」爲基礎做探討。

只可惜，不管「高中學生學業表現比較研究」還是「全國公立高中排名」，都只觀察到部分現象就驟下結論，使得所提出的論述打了折扣。接下來，我就要針對兩份調查的盲點所在，提出我的評論。

✦「高中學生學業表現比較研究」簡評

除了 2007 年教育部的《就近與跨區入學高中學生學測成績分析比較研究》這份報告對「明星高中」與「社區高中」的升學表現做研究外（這份報告在本書「十二年嘓嘓叫」單元有詳盡的評論），台師大心測中心於 2009 年 12 月也公布了《高中學生學業表現比較研究》，比較臺北與高雄男女校前三志願中，第一志願後段與第二志願前段入學、第二志願後段與第三志願前段入學學生的大學學測表現差距⑫。

結果發現，臺北男生與高雄女生前三志願，兩兩志願間表現皆無顯著差異，高雄男生前三志願也只有男生第一志願雄中入學成績後 50% 學生表現優於第二志願高師大附中前 50%。在臺北女校方面，北一女入學成績後 35% 學生成績較師大附中成績前 35% 女生爲佳，師大附中女生入學成績後段表現皆比中山女中前段好。

表 1 志願相鄰高中學測表現 HLM 分析結果

區域	抽樣比例	性別	大學學測	
			第一志願 vs 第二志願	第二志願 vs 第三志願
高雄	15%	男	----	----
		女	----	----
	35%	男	----	----
		女	----	----
	50%	男	第一志願較佳	----
		女	----	----
台北	15%	男	----	----
		女	----	第二志願較佳
	35%	男	----	----
		女	第一志願較佳	第二志願較佳
	50%	男	----	----
		女	----	第二志願較佳

註：----表示無顯著差異

（圖表來源：http://www.rcpet.ntnu.edu.tw/documents/2009annual_report.pdf，P2）

根據心測中心提供的新聞稿，扣除掉樣本的一些問題⑬，相較於《就近與跨區入學高中學生學測成績分析比較研究》

⑫ 資料來源：http://www.bctest.ntnu.edu.tw/flying61-70/i62p17-21.pdf，這份報告同時亦成爲「2009 年基測研發成果」新聞稿（http://www.rcpet.ntnu.edu.tw/documents/2009annual_report.pdf）的一部分。

⑬ 由於臺北與高雄的第二志願分別爲「師大附中」與「高師大附中」，在兩校女生招生人數較少的情形下，所能抽取的樣本自然也較少（同樣的理由也可以解釋高雄區男生第二志願樣本較少的原因）。

給人「玩弄統計數字」的感覺，《高中學生學業表現比較研究》在樣本的定義上就精確多了。但還是有它的問題存在——

1. 只比較兩兩志願間的差距，沒有再進一步比較「第一志願後段」與「第三志願前段」之間的關係。這種預測的結果，就像證明「考 60 分」與「考 59 分」的程度可能差不多一樣：推論完全符合預期，可是一點用也沒有。
2. 而且，就是「兩兩志願間的預測」，也還是要知道「後一志願」前段學生的分數落在「前一志願」的哪個位置，才能證明志願差異的影響性。像近幾年附中就可以招到分數不下建中前段的學生，然而成功前段學生的分數仍然落在附中尾端。

不同地區的學生人數不同，所得到的結果也不能一概而論。該研究只有比較基北區與高雄區。然而雄中、雄女的登記分發分數，放在臺北也僅相當第三志願的成績⑭。

正確的做法，是應該將人口相近的考區拿來做比較。比方說高雄區對應台中、桃園區，而基北區獨立一組。這樣分開比較才能得到正確的數值。

✦《新新聞》錯了嗎？

接下來要評論的是《新新聞》的「全國公立高中排名」。

之所以會有《新新聞》的「全國公立高中排名」，與教育部封鎖最低錄取分數有很大的關係。簡單來講，就是在官

⑭ 以《高中學生學業表現比較研究》取樣的 2005 年為例，雄中 269、雄女 264、政大附中 269、成功 268、、中山 266。資料來源：<放榜了 建中 280 北一女 277>《自由時報》，2005/08/06。

方並未公布高中錄取分數的情況下，《新新聞》透過管道將「公立高中」的部分完成了。

只是沒想到，《新新聞》所謂的「從取得的相關資訊加以整理」，竟然是「以國中基測最低錄取分數」替公立高中做「全國排名」，致使其論述比《高中學生學業表現比較研究》更爲粗糙——

在九十七年基測考生考取全國「TOP Ten%」明星高中名單中，竟然沒有升學率不錯的新竹高中、新竹女中、彰化高中、彰化女中、嘉義高中、嘉義女中；反而多了臺北、桃園、台中、高雄等四個臺灣都會區新興高中入榜，這種趨勢值得關注。

《新新聞》，2008/09/11

《新新聞》「以最低錄取分數做高中排名」的作法，至少犯下了兩個顯而易見的錯誤，千辛萬苦取得的資料，最後就這樣被自己糟蹋了——

1. 「明星高中」可以收到成績頂尖的學生，然而錄取分數可能不如都會區的「社區學校」。

   相較於《新新聞》，「心測中心」縱然選擇的區域學生人數不同，但起碼沒有犯下拿「臺北區前兩志願後段」與「雄中雄女前段」做比較的離譜錯誤。

2. 在各分發區，若非前幾志願學校，「地域性」可能才是選校主要的考量因素，因此升學表現可能與社區環境的關聯性較高些。

以基隆市為例，根據《新新聞》整理的資料，五所公立高中的最低錄取分數如下：

校名	基女	安樂	暖暖	中山	基中
08 年錄取分數	213	202	202	195	176
排名	1	2	3	4	5

另外，由於安樂高中「位於基隆人口最多的安樂區」、「08 年高中部錄取最高分達 288 分」，且是「基隆區 08 年繁星計畫唯一錄取臺大的學校」，因此《新新聞》的表列將該校志願序排在暖暖高中前面。

但從 2009 年基隆市各校提供的「升大學榜單」來看，除了基隆女中以外，《新新聞》的「基隆市公立高中」志願排序完全不同於實際狀況——

	總人數	台	清	交	成	政	陽	四中	左列學校	國立（%）
基女	718	1	3	1	1	9	1	15	4.3%	22.8
暖暖	107	1	0	1	0	0	0	3	4.7%	13.1
基中	617	0	0	2	1	1	0	10	2.3%	19.1
中山	116	0	0	0	0	1	0	0	0.9%	12.9
安樂	167	0	0	0	0	0	0	1	0.6%	16.2

✦ 基隆市最好的是哪間學校？

那麼，能否從基隆五校的升學資料，判斷這些學校的好壞呢？

我的答案是：不能。

照理而言，（以國立大學錄取率來看）表現最好的是基女和基中，然而這兩所學校能有如此表現，與過去的「基隆市名校」光環一點關係也沒有。

根據基中教務處註冊組 2009 年 9 月公布的榜單，數理班、音樂班、美術班及「精英班」的國立大學錄取率高達七成，但整體國立大學錄取率才兩成不到。

對於這類「社區高中」而言，提升「錄取率」最好的辦法就是設立「資優班」。也不能怪它們「假資優之名，行升學之實」，因爲這是唯一能將「可以讀書的學生」聚集起來的辦法。如果按照常態分班的型態，其他學生不提，這些「能讀書的」能否有相同表現，只有天曉得了。

基中如此，基女亦然。164 個錄取國立大學的名額，有 65 個集中在 1 班和 18 班。如果光看這兩班的國立大學升學率⑮，簡直可以和明星高中媲美，然而如果將這兩班扣除的話，錄取率只剩 15.6%，還不如安樂高中。

但是，從這份榜單也無法斷定其他學校是否勝過基中、基女，因爲基中、基女的招生人數就占了全基隆公立高中的 77.4%，其他三校的畢業生總和還無法超過基中、基女任一校的人數。「香蕉」和「芭樂」怎麼拿來比較？

所以，基隆市最好的公立高中到底是哪一所學校？

✦ 如何看待「分數與志願」

既然國中基測成績在高中職升學占有極大份量，家長、學生想探聽最低錄取分數的心態自然也無可厚非。但是面對社會「看分數填志願」的風氣，教育當局只是一味的「禁止公布分數」，卻不是想辦法替社會大眾釐清「錄取分數」與「志願」、升大學表現之間的關連性，充分突顯了教育當局面對問題的鴕鳥心態。

⑮ 1 班（文組）87.8%、18 班（理組）69%，平均 78.3%。

而資訊不公開的結果，更成爲「有心人士」操弄的地方，諸如對外「浮報」最低錄取分數，或者拿兩校間的「分數差距」做文章，宣稱「某校超越某校」之類的。而即使《新新聞》「以最低錄取分數做高中排名」有問題，也不過是爲了「滿足民眾需求」而已。

相信大家一定百思不得其解：高中升學的重要性並不亞於升大學，而大學「校」底下還有「院系」之分、每一類組的志願都有至少幾百個，既然大學各科系的原始錄取分數都能公布，爲何高中錄取情形要「諱莫如深」？

可是，如果從大學推甄今年才開始公布各科系的「篩選倍率」來看問題，「不公布各高中錄取分數」這件事情也就沒有這麼難以理解了——因爲國中基測與大學學測都犯了同樣的毛病，就是「考試定位」不明。

不管是國中基測還是大學學測，倘若只是要做爲一個「門檻考試」，僅需概略的設定「通過 / 不通過」的標準即可，對於入學的影響也不應該占很大的份量。但是從大學學測第一階段的「篩選倍率」，國中基測在各校申請入學所占比重、以及其作爲分發的唯一標準來看，這兩個考試所代表的已經不僅是「門檻」而已，也就使得「教育部所想的」與「民意」產生極大的落差。

所以，教育部與其禁止各校公布成績、忙著對外放話「建中、北一女沒什麼了不起」，眼下還有更重要的兩件事可以做。一件是清楚界定基測的性質究竟是「門檻」還是等同於「聯招」，因爲這牽涉到基測成績能不能做爲入學的唯一標準。另一件，則是沿著《高中學生學業表現比較研究》的方向加以延伸，對各考區學生「基測分數與志願」、「志願與大考表現」之間的關係做徹底了解，以便讓大眾明白多大的分數、志願差距會在往後升學表現上突顯出來，以及「基測成績」與「志願選擇」對日後升學表現的影響孰輕孰重。當大眾對基測的意義更加了解的時候，自然就不會過度執著於一分、兩分的差距了。

一綱多少本？——談教科書選用的問題

關於學生的教材選用，教改的正反雙方多是將議題圍繞在「一綱一本」、「一綱多本」等議題上打轉，甚至還出現了「一綱無本」的呼聲。而北北基三縣市「一綱多本選一本」以及「共辦聯合測驗」的政策也成為藍綠較勁的議題。當然，不管是「一綱多本」、還是「一綱無本」，多少都代表著「接觸多元觀點」的想法。但是在實行上，其實還是有很多「技術問題」有待克服。這些問題可以分成幾個面向來探討——

✦ 綱出了問題，多少本都沒有用

關於學生的教材選用，教改雙方只是著眼於「一綱一本」、「一綱多本」的角力，殊不知綱要的制定對學生的學習影響亦很重要，以綱要做為學生學習的指引是必要的，可如果綱要的制定本身就出了問題，不論是「一本」還是「多本」，都是無法彌補的。

並不是沒有人探討這些問題，只是現今教科書的制定，主事者重視「政治正確」似乎更甚學習。在這種情形下，所見議題的探討多半也只在「中國化／去中國化」上打轉，以致「失焦」了，教材的難易度是否適中、章節順序編排是否妥適也就不在討論的範圍之內了。

以高中歷史課綱為例，王曉波、周婉窈等「課綱修定委員」都將焦點集中在「中國史」內容多寡，一方罵對方「威權復辟」，另一方則回擊對方是「皇民史觀」。但是就我這個「社會組過來人」來看，「舊有（84 課綱）高二、高三課程內容應該對調」才是新課綱需要關注的地方。因為「思考需建立在良好的知識基礎上」，而舊有課綱文化史的內容都還沒上到就教「歷史思辨」、史觀，不但學習順序顛倒，將過重的內容擺在需應付各種考試的高三更造成學習上的壓力⑯。

✦ 學習領域的差異

除了教材綱要的制定以外，不同學習領域對教科書也會有不同需求。

對於學習社會科學的學生而言，重要的是在培育其獨立的思考、判斷能力。由於沒有一種理論是絕對、能解釋一切現象的，因此，必須要靠大量閱讀、接觸不同論述來獲取知識。接觸不同版本的外界資訊對於其思辨能力的提升，有一定程度的助益。

而對於學習自然科學的學生來說，所謂「科學精神」的培育主要則是來自實驗、野外實查等實作部分，學科內容則大多建築於絕對的定律、演算方面。所以教科書的閱讀上，反倒是要先「讀通一本教科書」，再從現有基礎去做延伸。

所以既然「自然」、「社會」兩種學科對教科書的倚賴程度大相逕庭，關於教材的選讀也應分開來看——

⑯ 撇開中國史的內容不看，起碼在高二高三「課程對調」部分，99 課綱的確有做到。只不過這個「調整」只做了「半調子」——比方說高三上學期的內容要放到高二，而高二下學期第五單元「我們生長的時代」應該放到高三。

1. 不要探討「要教些什麼」，而是看學生應具備什麼：舉語文教學爲例，個人認爲重點不在文言文和白話文的比例是多少，而是看學生能否用正確、流暢的語句來清楚表達個人的意思。以及對文章典籍能否詳實的閱讀與理解⑰。

2. 理科要緊、文科要鬆：在理科的部分，由於在「客觀」的計算、方程式背後，牽涉到許多觀念、理論模式的建構，再加上講授範圍可以明確界定，所以需要詳細的綱要加以限制。至於文科方面其實只要提出大方向，細節就不要去管。我認爲像現在訂到「XX（例如民國）史的哪些部分」一定要放在章節裡頭、文言文與白話文的比例是要五比五還是六比四，其實就有點管太多了。

✦ 一綱無本：「有夢最美」？

而除了「一綱一本」、「一綱多本」的爭論以外，教育界也傳出了「一綱無本」的呼聲。這類說法的重點是希望教育部只要制定課程綱要就好，不要有「教科書」。這樣的主張很類似於將現在大學的授課方式搬到中小學來，因爲大學教材的選擇權都是在教授身上，甚至很可能教授自編的講義就是教材。全國家長團體聯盟副理事長林文虎就曾表示，一綱無本是他最終極的期望⑱，另外在網路上，也出現過類似的論述⑲。

雖然「一綱無本」的口號非常具有理想性，但是實行起來卻有好幾個問題有待克服——

⑰ 所以關於學習古文的目的，我反倒會傾向於「無須假手他人、能夠憑自身來理解當時的人所欲表達的思想」這種觀點。

⑱ 相關言論出自 2007 年 3 月 5 日於中國時報大樓第一會議室舉辦的「國民中小學教科書制度座談會——從家長觀點談一綱多本與一綱一本」紀錄。

⑲ 比方說 07 年底在網路上的〈請支持「一綱無本」，追求優質教育〉這篇文章：http://blog.nownews.com/donnayen2/textview.php?file=106678。

1. 大學雖然教授有選擇教材的權利，但學生也有「選擇教授」的權利。這種情況在中小學可能嗎？如果不可能，又要如何讓不適任的教師離開？雖然該文提出「教師評鑑」的說法，但是真正對教師有影響的並非教師評鑑，而是「退場機制」。只有讓教師知道「教不好就下台」，才能使教師有所警惕。沒有「退場標準」的評鑑是毫無意義的⑳。

2. 不同程度的學生，不單是知識吸收能力不同，也會反映在對教材的接受度上。同樣是十幾歲的中學生，有些人已能夠在國際舞台上發光發熱，有些人卻連基礎的知識水平都很薄弱。日前「國中畢業，不會寫名字」等相關報導，多少也反映出了這種差距。

3. 教育資源的有無，才是執行成功與否的關鍵。然而根據《商業周刊》第 954 期〈80 對 800 的戰爭〉，臺灣教育至少面臨兩大困境：

   (1) 教育經費不足。2004 年，平均每個小學生分到的教育經費約 2,089 美元，居亞洲四小龍之末；更糟的是，人事費吃掉教育經費的 93%，眞正花在學童身上的金額平均連南韓的十分之一都不到。

   (2) 城鄉資源不平均，臺北市與偏遠地區平均每位學童所分到的經費相差了數倍。

⑳ 雖然教師法第十四條第一項第八款規定「教學不力或不能勝任工作，有具體事實或違反聘約情節重大」可以做爲教師解聘、停聘或不續聘的理由，但根據同條第二項，有上述情形者，仍應經教師評審委員會委員三分之二以上出席及出席委員半數以上之決議。而根據教師法第十一條第二項，教師評審委員會的組成，未兼行政或董事之教師代表不得少於總額二分之一！

所以看清楚了吧！老師教得好不好，不是你學生、家長說了算，還要「別的老師」也認爲才算數。如果所有老師都能秉持其「公正良知」打分數，那我們的教育還有可爲。否則，如果老師「師師相護」的話……。

而北歐所以能夠執行得較為成功，是由很多因素組成的：一、人口少，比較容易統統照顧到；二、收入高，每人 GDP 是臺灣的兩三倍；三、福利制度完善。在三項要素都完備的北歐國家，在年輕一輩還會出現光頭黨、校園槍擊事件等情形，而臺灣要在三要素皆不如人的情況下，實行跟北歐一樣的政策，未免太「癡人說夢」了吧！

✦ 現行教科書使用的問題與解決辦法

在這些待解問題被解決之前，不管是一綱一本還是一綱多本，不管是區域選書還是教師自選，教科書的使用皆無可避免。因此如何將現行教科書選用所衍生的問題降到最低，才是我們目前所需關心的。

目前教科書選用的問題有——

1. 參考書、測驗卷的使用：這已經成為一個大家都知道，只有政府不知道的「祕密」（就如同「借課」一樣）。政府雖然三令五申要求學校、教師禁用參考書及測驗卷，但是這些東西的使用卻從未停過。究其原因，在於政府並未探討過師生使用參考書、測驗卷的主因，只是一味禁止的緣故。

   由於測驗卷常常是教科書的「附屬」，教師使用某廠牌的教科書，就可以獲得該廠牌的測驗卷，這些測驗卷可以幫助教師減少對學生「考核」所需付出的精力。所以教師對教科書廠家的選擇，測驗卷的有無也是考量主因之一㉑。

㉑ 現在幾乎每家書商都送測驗卷的情況下，廠家的競爭已從「測驗卷的有無」演變為「考題的難易」。所以弔詭的是，既然教師們願意花時間「注意」測驗卷的題目，為何不願意花心思研究評量學生的方式呢？

對學生而言（尤其是理科方面），過少的習題並不足以評量自我學習的程度，尤其是在這些學習是爲日後考試（升高中、大學）做準備的時候。因此就必須要借助「外力」來達成。除了補習以外，參考書便是其中一種方式。

2. 價錢的問題：在國立編譯館「獨占」的時代，因爲有政府的「協助」，教科書的價錢始終是維持在低價的狀態。但當開放教科書市場後，廠家有成本的壓力，故教科書的價錢絕對比「編譯館時代」來得高。若是進入高中職的學習，再加入學雜費來計算（義務教育是學費全免），對弱勢家庭勢必爲一沉重的負擔。

關於第一項問題的解決其實非常簡單，除了教科書的講解必須詳盡外，並且要求教科書附有足夠的習題予學生演練㉒與一定量的解答㉓。這些東西只須教育主管機關在教科書審查上嚴加把關即可做到，端看是否願意而已。

至於第二項所提到的問題解決起來就較爲複雜些，目前有幾種辦法：

一是教科書統一定價，而此種價格是無論城鄉，大多數人皆可負擔的，書商的成本（或損失）則由政府來吸收、補貼。當然，羊毛出在羊身上，既然要讓學子享受低價的教科書，納稅人就要多「幫忙」了㉔。

㉒ 以大學教科書爲例，一個十五、六章的商科、理科教科書，每章的習題少則二、三十題、多則可到五、六十，對於中小學的教科書其實亦可做類似的要求。

㉓ 作爲一些學生自我練習時對照用，大學的教科書習題就會有「奇數題有答案、偶數題沒解答」的類似情況。

㉔ 當然政府也必須讓納稅人知道，自己繳的稅有多少是應用於全國學子的教科書上。或許可以從教科書開始，做爲國家支出透明化的開端也說不定。

一種就是由書商「分區差別定價」，對書商而言可以有較彈性的自主空間。惟須注意的是，差別定價後某些地區的售價，對該區學子可能還是一種負擔，政府仍須適時介入。

寫這篇文章的目的，不是想挑戰或質疑什麼。只是想強調：沒有好的配套措施，再好的改革美意都是枉然。

大考史地高分少，怪誰？

英國首相狄斯雷利有這麼一句名言：「謊話有三種：謊話、可惡的謊話，和統計學。」

2008 年 7 月趙少康先生寫了一篇文章〈升大學地理考題誰出的〉[25]，除了以 2007 年各科七十分以上考生的人數爲「例證」外，並「歸納」出幾個原因：認爲可能是「臺灣有地理的科系不多，出題權掌握在極少教授之手」、甚至可能是「出題教授自卑心理作祟，深怕學生看不起地理科，故意出得很難，看你們敢不敢輕視」。最後「呼籲」教育單位要求今年地理科出題應「符合常態分配」原則。

趙先生寫這篇文章的出發點爲何，我也不知道。以下單就這篇文章的內容，加以評論——

✦ 史地考得難似乎才是「常態」

趙少康先生雖然將 2007 年各科七十分以上的考生人數臚列出來，但是關於以前的考試結果，只有用一句「地理科成績不好，也不是只有這一、二年的事了」就交代過去，而文組的另一主要考科歷史，也只以去年「歷史科 70 分以上的都有 12,726 人，90 分以上的也有 219 人」帶過。

究竟實際情形爲何呢？我就將史地歷年成績人數累計整理出來給各位看看（僅取歷史一科做爲比較，是因爲這兩科

[25] 見 2008/06/06《蘋果日報》：http://tw.nextmedia.com/applenews/article/art_id/30626930/IssueID/20080606。

是「唯二」的社會組科目），爲求「精確」，特別取到指考60分以上：

2002年（也就是大考舉辦頭一年）：

	歷史		地理	
	人數	%	人數	%
90+	16	0.02%	44	0.06%
80+	750	1.08%	1583	2.31%
70+	5323	7.65%	9129	13.31%
60+	16261	23.36%	24063	35.07%(勝)

（歷史最高分：85、地理最高分：93）

2003年：

	歷史		地理	
	人數	%	人數	%
90+	3	0.00%	1283	1.71%
80+	153	0.20%	8805	11.75%
70+	1595	2.11%	23072	30.80%
60+	7055	9.33%	38458	51.34%(勝)

【歷史最高分：92、
地理最高分：100（32人）】

2004年：

	歷史		地理	
	人數	%	人數	%
90+	0	0.00%	3	0.00%
80+	17	0.03%	141	0.21%
70+	300	0.45%	1747	2.65%
60+	2085	3.14%	8194	12.45%(勝)

（歷史最高分：86、地理最高分：90）

2005年：

	歷史		地理	
	人數	%	人數	%
90+	0	0.00%	2	0.00%
80+	113	0.17%	83	0.13%
70+	1328	2.05%	933	1.45%
60+	5634	8.70%(勝)	4766	7.43%

（歷史最高分：89、地理最高分：90）

2006年：

	歷史		地理	
	人數	%	人數	%
90+	0	0.00%	6	0.01%
80+	20	0.03%	178	0.28%
70+	473	0.74%	1904	2.99%
60+	4244	6.62%	7829	12.29%(勝)

（歷史最高分：85、地理最高分：93）

（自大考舉辦以來到2006年，60分以上史地考生分布表㉖）

如果我只是想透過這些表格告訴各位，歷史考題出得比地理難的次數還要多，那我絕對是吃飽太閒沒事做。

㉖ 資料來源：大考中心 http://www.ceec.edu.tw/AppointExam/AppointExamStat.htm。

事實上，透過這些表格，再加上趙少康先生給的去年的資料，各位就可以發覺，（扣去第一次指考不算）除了 2003 年的地理與 2007 年的歷史比較「反常」以外，60 分以上的史地考生人數與比例都有偏低的傾向，最好頂多在頂標附近徘徊。

至於為何會出現這種「史地高分群」人數偏低的現象，我們就先從趙少康先生「呼籲」的「常態分配」來談起。

幾種錯誤的教育統計解讀：看李家同評論國中基測

長期關心教育的李家同先生日前出版了一本新書《李家同談教育——希望有人聽我的話》評論我國當前的教育問題，一位教育工作者對國家的教育發展有理想、有期許本來就是很正常的事，只是李家同先生在「教育統計」的運用、對升學考試制度的掌握上卻非常糟糕，以至於所提的論據與其所要表達的想法常有脫節的現象，以「國中基測」這段為例：

以民國 97 年的高中學測為例，共有 31 萬餘人應考，結果 PR(百分等級) 達 99 的人有 3347 人，但 PR 值 10 以下的有 3 多萬人，他們的分數大多是在 20 到 30 分之間………。

大家看出這段話的問題了嗎？事實上，這段話的意思就是說，31 萬多名考生中，前 1% 的考生占了三千多人，後 10% 的考生也占了三萬多人。

其實這一點也不稀奇，我還可以告訴各位：前 10% 的考生和後 10% 的考生人數一定差不多！

事實上，如果李家同先生要評論國中基測的成績分布，由於每個 PR 值的分數間距不同，「後 10% 的考生基測總分二、三十分是否合理」才是他應該探討的問題，可是他談來談去卻把焦點放在「代表百分比」的 PR 值。「抓錯重點」的結果，就是他只是在重複著一個大家已知的事實。

至於國中基測考生的成績分布是否合理？為了解這個「李家同未能解答」的問題，我上網抓了 96 年第一次國中基測的數據，將不同 PR

值的人數（因為有同分的關係，所以不同 PR 值人數不盡相同）除以他們各自的分數間距，就可以得知不同 PR 值中，每多一分所增加的人數。人數越多，就代表該 PR 值的分數競爭愈激烈、愈有可能為了一分兩分斤斤計較。

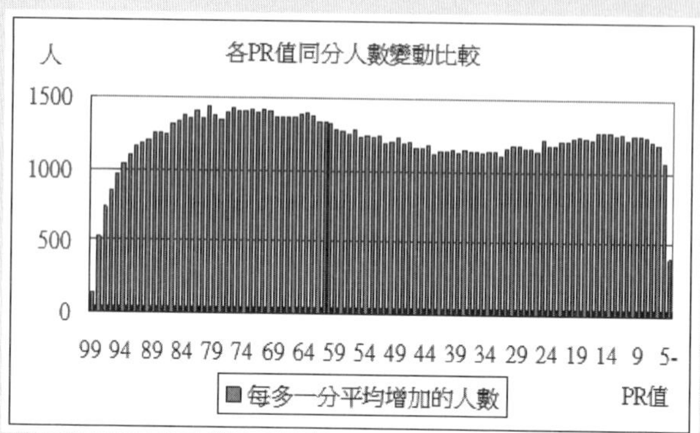

從上面的統計圖我們可以看出，由於「舊制基測」計分機制對分數的調控，幾乎所有 PR 值的人數變動都是在 1,000 人到 1,500 人之間，也就是說，全體考生的成績分配其實是趨近於「平均分配」（Uniform Distribution）的狀態，而不是李家同先生所說的 M 型差距。

扣除掉前 5% 和後 5% 的數據，「剩下的 90%」每變動一分所增減的人數都在千人以上，我們再重新做一份圖表來看：

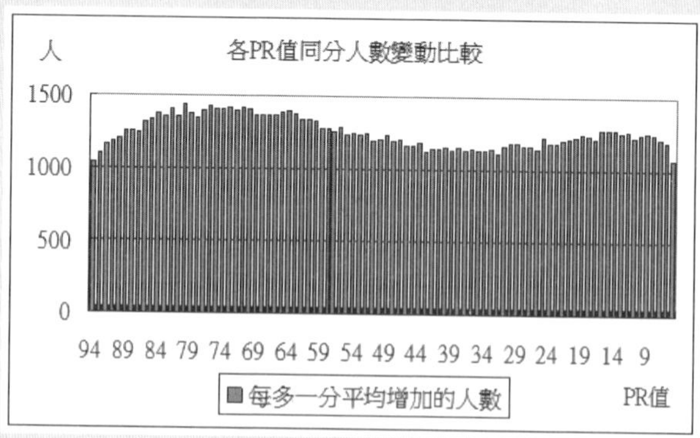

假如將 Y 軸的底設定為 0，所得到的結果與保留「前後 5%」數據所得結果，大致上沒什麼兩樣。

換句話說，不管 PR 值分布在哪一個位置，每多一分 (或少一分) 所變動的人數都差不多，因此只要知道你的 PR 值是多少，你所對應的原始總分大概也就可以知道了，反之亦然。

所以為什麼 PR 值 10 以下的學生分數只有二三十分？廢話！國中基測 312 分，扣除掉由閱卷老師決定分數的作文 12 分，剩下的分數 (300 分) 乘以考生的 PR 值：300X10%，那你說這些考生的總分不是二三十分是什麼？

要達成常態分配的結果，至少須具備以下兩種可能：

1. 考題程度偏向中等（並非每題皆爲中等程度，而是題目難易也能呈現常態分配。也就是說，雖然有一些需要花腦筋的題目，但整體而言並不算太過分）。
2. 考生程度呈常態分配（當然，還必須要確保考生在考試時能發揮其應有水準。如果出現考前集體瀉肚子等現象，那就難說了）。

爲何現今的考題較難讓考生分布從 0 到 100 分之間呈常態分配？可想而知，至少有一個前提不復存在。至少，考生結構出現改變是不爭的事實，也就是第二項前提出現了變化。

✦ 女校破壞了「生態平衡」？

不管是以前的聯招，還是現在的大考，由於做爲學校篩選學生的唯一依據，因此題目的「鑑別度」就變得很重要。而注重「鑑別度」的結果，在命題時自然也就偏向明星高中（因爲最能顯現出「彼此」程度差異），也就是俗稱「中間偏難」的題型。再加上倒扣（爲了防止考生亂猜的機制）影響，使得整體平均會朝低分群傾斜，不過由於明星高中學生占有一定數量，因此人數分布還能呈現一種「正常狀態」。

在古早以前，一般的觀念都是「男理工、女文史」，而眾所周知的明星高中，又是以男女分校爲大宗，所以在男校理工科居多、女校著重文法商的情況下，倒也維持了一段時間的「生態平衡」。

但是就在最近「女性意識」高漲的時代，很多女性打破了傳統觀念的束縛，開始走向實驗室。就在 2003 年，北一女中高三，理工科的班級數超越了文法商（也就是第一類組），可說是劃時代的分水嶺。不過男性顯然沒有「跟上腳步」，男校的學生仍然以選擇理組爲大宗。在這種「供需失衡」（？）的情況下，史地的高分群考生漸漸出現了缺口。

✦ 笨蛋！問題就出在跨考生！

趙少康先生的文章提到了理工科跨考的問題，也發現「理工科考生大多跨考只要求國、英、數乙的財金相關學系」，但卻倒果爲因，認爲地理高分群偏低是「地理科出得難，爲了防止理工科考生跨考，用地理科做屏障」，以致出現解釋不通的結果。事實上，地理科高分考生人數過少，跨考生也有「相當責任」。

在聯招的時代，文、理組的考生不管大學想讀什麼，聯考都須接受五到六科的「洗禮」，由於要同時準備多科並非易事（當然，天才例外）。因此比較不容易出現轉組、跨考的情形。在大考舉辦頭一年，雖然很多名校商科都只採計國英數，但由於當時採計兩到三科的校系眾多㉗倒也不會產生太大影響。

㉗ 例如陽明醫科只看生物、化學，台大公衛只看英數。

沒多久，理組僅採計兩三科的校系日漸減少，縱使採計，也會有一兩科理組的「專科」（例如物理、化學），也幾乎是等於回到聯考全數採計的狀態。相對而言，在名校商科（主要是政大）僅採計國英數這種「共同科」的情況下，純文組漸漸被「讀理組、跨考商科」的風氣取代。女校的情形不提，男校原本少得可憐的文組學生人數還在往下降。舉例來說，2002 年成功高中高三文組還有七班，2003 年便「腰斬」成四班。這種現象，自然導致明星高中文組考生減少，也間接促成史地高分群「縮水」的原因。

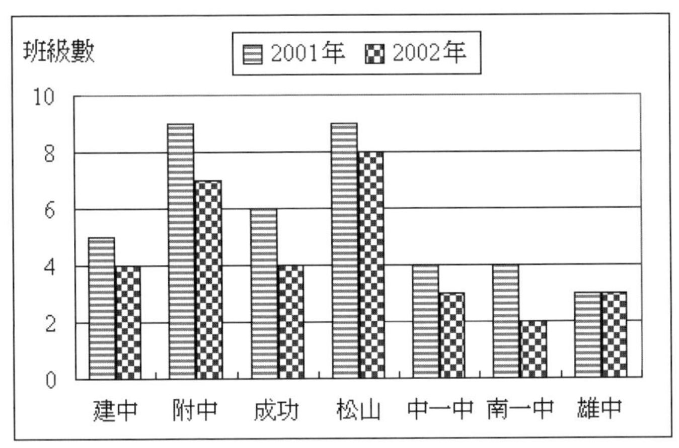

（明星高中 2001、02 年高二文組班級數量比較圖[28]）

這也就是我不能認同趙少康先生「升大學地理考題誰出的」與教育部「升大學考公民」的原因：他們雖然發現「理工科考生大多跨考只要求國、英、數乙的財金相關學系」，然而一個做出「地理科出得難，爲了防止理工科考生跨考，

[28] 資料來源：〈「自然現象」第三類組吃香 高中大增班〉，《中國時報》，2002/09/03。、http://www.richyli.com/report/2002_09_03.htm。

用地理科做屏障」的假設，另一個則認爲「社會組的科系加考公民，就可以防止自然組跨考[29]」。

前者只不過寫文章時「倒果爲因」，出現解釋不通的結果，但是後者構想一出，所有社會組的考生都要倒大楣了。

✦ 明星高中文組生減少，社區高中生就得利？

在此必須告訴各位一個很殘酷的事實：不盡然。

在 2004 年登記分發結束後，聯合報引述了建中校長的發言，做了一段報導，大意是：建中高三文組 160 個學生，80 個錄取台大，60 個錄取政大。

根據這段報導，也就是說，錄取台大、政大的學生就有 140 名，沒錄取比錄取還難（也許有人會拿建中理組錄取台清交的狀況來比，可是別忘了，理組多半是選系不選校，只要在全體考生的前 10% 就有機會上台大。但是文組是先選校再選系，要上台大、政大，最好有 3~5% 比較保險）。

只看建中的資料也許有人會質疑，我們再看看臺北另外一所男校的情況就知道了。大約同一時期，成功高中的文組多爲四班，學生人數在 180 人左右徘徊，但是只要指考分數能達到全校前十名，基本上就是台大法律的保證。而這個人數，幾乎相當於理組同期錄取台大電機加上各校醫科的人數（但理組學生卻高達 20 班，達七、八百人之譜）。

看到這些資料，各位總該有些感覺了吧。

㉙ http://mag.udn.com/mag/campus/storypage.jsp?f_MAIN_ID=12&f_SUB_ID=31&f_ART_ID=59022。

明星高中文組生減少，沒錯，多少會對社區高中生有幫助，很可能有些學校的台大學生錄取率大幅提高 100%、甚至更多，但是別忘了明星高中文組平均每班名校錄取率也大幅提升，因爲「競爭對手」減少了（都跑去唸理組，山中無老虎，猴子稱霸王）。到頭來，搞不好受益最多的還是明星高中。

幾種錯誤的教育統計解讀：《Cheers 雜誌》的「理工科人力需求」表

在《Cheers 雜誌──2007 年最佳大學指南》書本的後面，根據相關數據，將理工科各產業畢業生人力需求的情形，做成「學士」、「碩士」兩組圖表，告訴我們，最搶手的科技學士是工業設計：

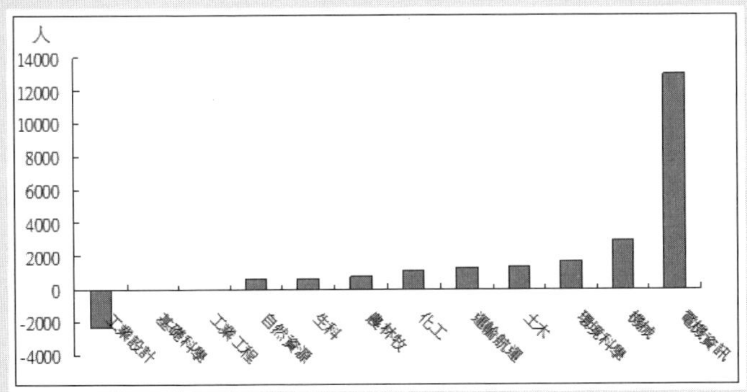

而最熱門的科技碩士則是電機資訊：

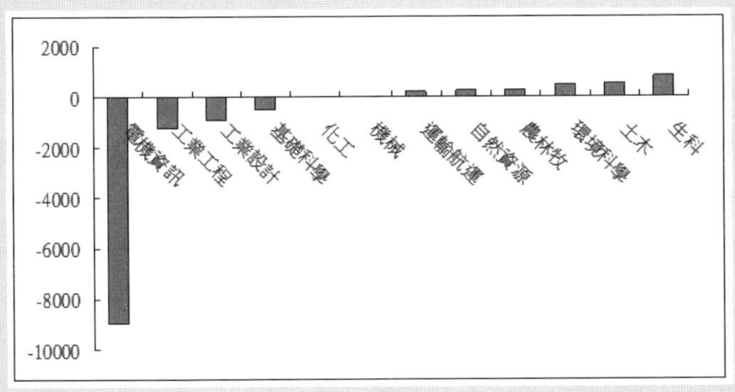

是的，《Cheers 雜誌》花了時間蒐集這些資料，省去我們查找這些資料的時間。但是我們要的只是這兩張圖表嗎？對於一個理工科系的學生、或是準備進入大學的高中生而言，除了這兩張圖表以外，他們更需要知道：

1. 理工科人力需求過剩或不足的影響因素，到底是跟產業有關，還是跟學歷（大學部還是研究所）有關？
2. 電機資訊大學部的人力資源嚴重過剩，研究所的人力資源卻嚴重不足，這個現象應該怎麼解讀？

為了得到這些問題的答案，我將兩張圖表疊合起來做個綜合分析：

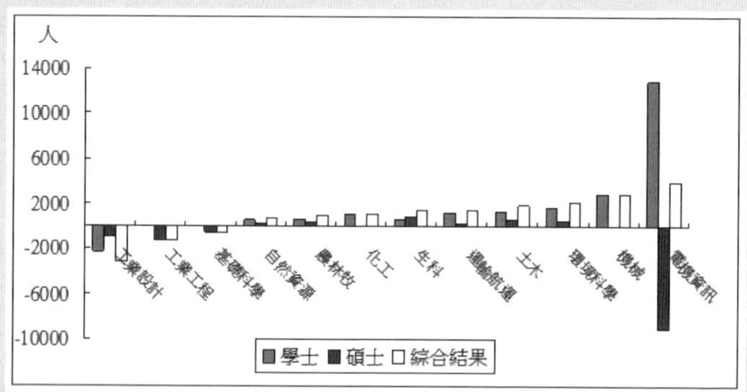

從疊合的結果我們可以知道，理工科系的人力需求情形，主要和產業相關，而不是受學歷的影響。大學部人力過剩的產業，同樣也反映在研究所的人力需求上，反之亦然。

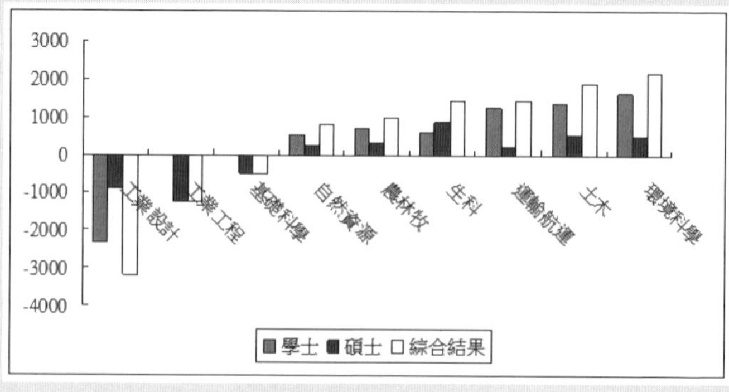

此外，從電機資訊的人力需求情形大概可以判斷，由於電機資訊大學

部人力供過於求，因此業界將求職門檻拉高到研究所，因此才會出現大學部人力嚴重過剩，研究所人力嚴重不足的怪現象。然而，研究所的人力需求，仍然無法填補大學部的「超額」情形，因此將來電機資訊領域人力過剩的結果是可以預見的。

當然，若要評估某產業人力需求狀況對學生的衝擊，還需要將畢業生人數一併考慮在內，才知道有多少百分比的學生會受影響。

✦ 什麼叫「符合常態分配」的考題？

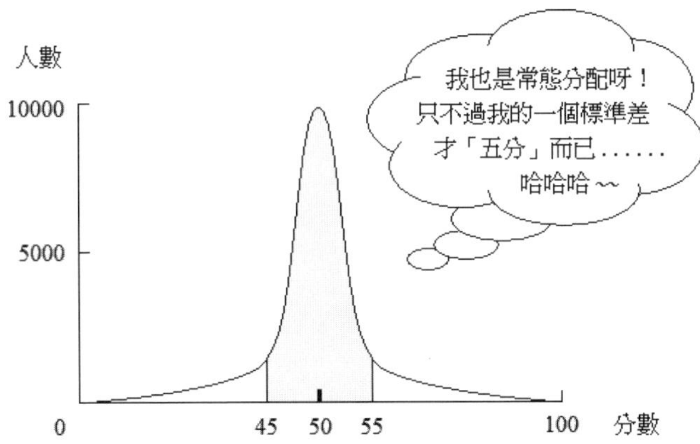

面對 2008 年的大考，趙少康先生在文章後段指出：「教育部、大考中心及立法院教委會不能再姑息這種現象，應要求今年地理科的出題必須合理，要符合常態分配的原則，絕不可以像去年一樣，考 60 分及格分數以上的只有 4,778 人，只占考生的 7.6%。」

但是，真的能夠憑「70 分以上的人數、比率」就可知考生成績是否呈常態分配嗎？我們現在就來做個「實驗」看看。

這是 2007 年大考的其中三科考生成績分布圖，從這三張圖，請各位來判斷「地理」是哪一張：

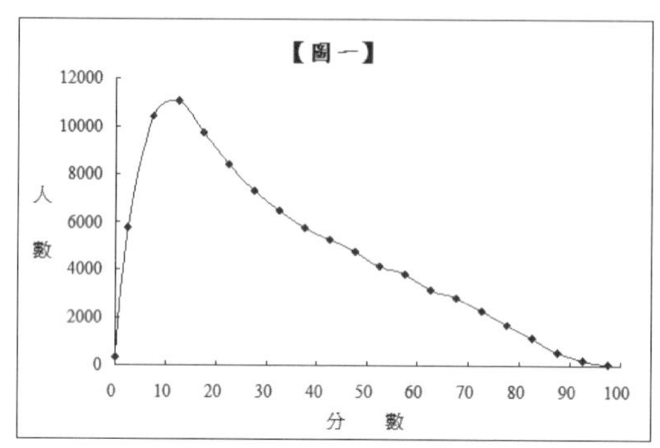

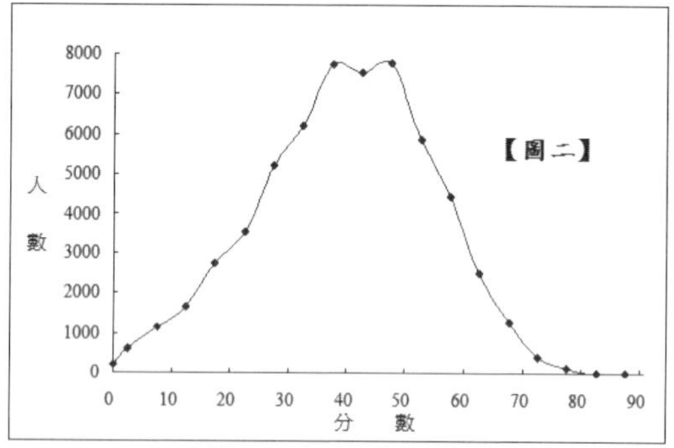

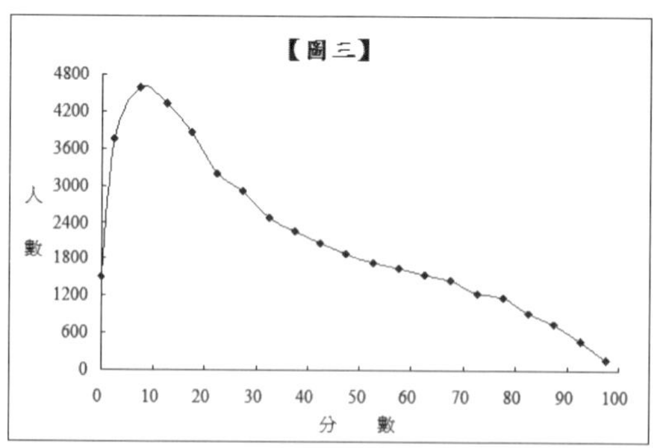

如果我告訴各位，「圖二」這張「看起來最像常態分配

的圖」就是地理的話，你們必定會大吃一驚（圖一是英文，圖三是物理）。雖然「圖二」最高分只取到 85 ～ 90 分（因為 85 分以上的人數是「個位數」）。

從上面的圖表，我們可以得到兩個結論：

1. 我們並無法從高分群的人數與比率，來判斷一個考科是否爲常態分配。

2. 若一個考科「分數與人數關係」爲常態分配，也無法從中得知考題的難易度爲何，除非知道它的平均數與標準差。而大家口口聲聲喊的「常態分配」，其實是希望「難易適中」、考生分數集中（而且一定要在「中間」，也就是五、六十分左右）。跟統計學上的「常態分配」又有一大段落差，結論是：能否達成「常態分配」事小，能否「順應民意」事大。只是這種「常態分配」，又豈是好達成的？

看著趙少康先生爲了高分群地理考生人數過少吹鬍子瞪眼睛，大喊「不符常態分配」。我想問的是，像英、數、理化上千名五分、十分的考生，又有誰去關心、又有誰去大聲疾呼，這些科目的命題「不符常態分配」呢？

少康先生，
2008年的地理考題
應該有達到你心目中
「常態分配」的標準了吧！
所以求你高抬貴「口」，
別再罵我們了好嗎？
(設計對白)

地理		
分數	自高分往低分累計	
	累計人數	累計百分比
90+	24	0.04%
80+	758	1.40%
70+	5485	10.11%
60+	16163	29.80%

公民不道德

不曉得為什麼，教育當局不分藍綠，總喜歡將他們「認定」為重要的科目上，戴上一頂「道德倫理」的光環。幾年前決議加考公民時，當時的教育部長杜正勝便說「不考公民，將不利學生培養守法的健全人格」，日前教育部將「四書」列為必選後，現任的執政者又告訴我們這套教材「可奠定實踐生活素養、生涯發展及生命價值之目標基礎」。

可是看完這些主事者所提供的課程架構，只會讓人更加懷疑：在被教育當局「定型」的教材中、在升學考試的壓力下，這樣的教育培養出來的，到底是一群「順民」，還是真正具備獨立思考的公民？

「考公民」就有「好公民」？

隨著第一次公民科考試的結束，「加考公民」也「木已成舟」，成為既定的事實。面對公民科增加考生壓力的情形，教育部也僅表示「有待改進」、要「重新檢討」。但是它的「檢討結果」卻是希望各大學「減少採計科目」，而不是重新檢討公民科列入考科的必要性。

究竟是否「考公民」就會有「好公民」？以下我將從「公民考試」、「公民老師、大考中心的論據」、「教育部的政策」與「公民科教育」來替各位檢視考公民的必要性。

1 關於「考公民」

✦ 基礎學科？應用學科？

如果有興趣了解大學有些什麼科系的話，就會發覺除了國文系、英文系、數學系……等科系是給有興趣鑽研的人繼續深造以外，其他的都是所謂的「應用科系」，諸如法律、醫學、工程等等。因爲大學畢業之後就是進入社會，所以才會設計「應用」的科系，希望能與社會有所銜接。

而將高中的「一般學科」一字排開，國英數理化生史地，統統都是所謂的「基礎學科」。也就是說，很可能日後大學所修的科系與這些學科不見得有關聯，但這些東西代表著學生應具備的「基礎能力」。日後大學不見得會教這些東西，因爲這些東西學生「早就該」了解了。

相較高中其他「一般學科」而言，公民科算是個「異數」。它是「應用學科」嗎？比起一般應用學科，公民科只能算是「觀念介紹」。現在的公民課本，舉凡政治、經濟、社會、法律等，無所不碰，簡直可以說是綜合了所有社會科學所學。可是正因為每樣都要碰，且因為課本篇幅有限，所以每樣都不能說明得很詳細。如果要把每樣都讀通，光靠課本是不夠的。真的仔細研究，有很多都牽涉到大學的課程。不單如此，還要花時間去閱讀相關書報雜誌，才能夠有所了解。但是，一個高中生每天八小時上課，如果再外加三小時的補習時間，請問他哪有那麼多時間專門應付公民一科？還是說，為了讀書，其他什麼都可以不要顧，包括自己的身體？所以最後無所不包的結果，就是什麼也學不好。

不單如此，在公民課上講幾堂的東西，在大學可能就是好幾門課來講，例如民法，在大學的法律系就有總則、債篇總論、債篇各論、物權、親屬等。此外，例如大學的經濟學，上到後面的模式都是要用到計算，也就是說數學好反而比公民好有用。用它來銜接大學課程？顯然也沒這個必要。因為這些東西不管中學有沒有教，到大學都會重講一遍。

最糟糕的是，不像其他學科有一個連貫的主題（譬如上歷史，不管是中國西洋、還是政治文化，都是跟「歷史」做連結），公民科根本是政治、社會、經濟、法律硬湊成的科目，所以學生上的根本不是「一門課」，而是「四門課各上一點」①。

① 曾經有人說，公民科的主題就是「公民」。但這些人是否想過：
(1) 以「公民」作為主題的範圍有多大？如上所述，它根本是綜合了「社會學科」與「生活實踐」。
(2) 如果是在舊課綱的安排下或許還有可能，但根據新課綱的安排，公民科從「獨立的領域」被劃入了一般學科，也就是將原本的「主體」（如班會、週會、課外活動、生涯規劃等「生活體驗」）從中抽離。現在的公民科，已如同靈魂被抽離的軀體。

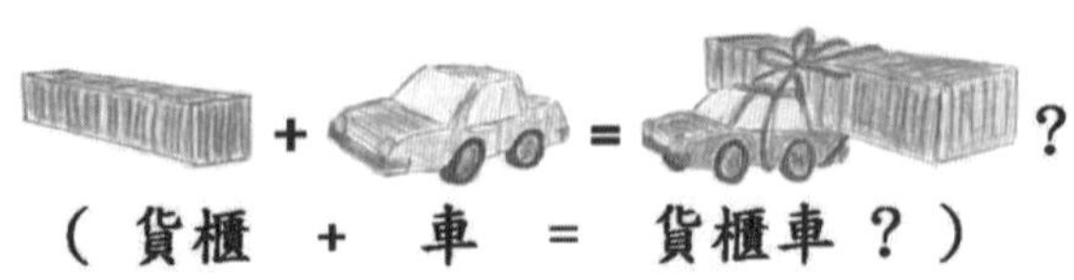

（貨櫃 + 車 = 貨櫃車？）

（政治＋經濟＋法律＋社會＝公民？）

✦ 防止自然組跨考？

2007 年時，教育部曾提出一種觀點，認為社會組的科系加考公民，就可以防止自然組跨考：

……教育部說，公民納入選考科目，對社會組學生而言，是多一個選擇性；對自然組學生而言，跨考社會類組校系，準備公民科的難度更高，可降低其跨考意願……。

~~〈《加考公民》教部：可減少自然組跨考〉，【2007/02/12 聯合報】

不過，眞的是這樣嗎？

事實上，自然組跨考，不外乎以下兩種可能：

1. 跨考「僅採計國英數」的商科。
2. 國英數史地統統考。

而眾所皆知的「自然組跨考」，多是以「前者」為主，因為只要加考一科數乙的緣故。於是就有論者以為，加考「公民」這一社會學科可以「抑止」自然組跨考的行為發生。

但是這必須要建築在幾個前提上：

1. 限制考生應考科目上限。
2. 大學系所採計科目下限改為四科。
3. 高三自然組不上公民。

首先第一個前提就是個難題，限制考生應考科目下限爲三科，乃是因爲大學系所採計科目下限爲三科的緣故，但是能「限制考生應考科目上限」嗎？如果眞的做了，豈不是限制考生選考科目的自由？若不限制，對跨組考生而言並無任何作用。而且這還沒考慮到考生放棄某自然科（例如生物），改爲專攻公民等情形呢！

而只有「限制考生應考科目上限」，倘若商科不採計公民，大家也拿這些系所沒轍，所以一定要將「採計科目下限」改爲四科，此種情況才有可能發生。但是按照現在「採計三到六科」的情況來看，就已經被人詬病「與聯考無異」，因爲大多數校系還是採計五科以上。如果將「採計科目下限」提升，則是讓採計科目少的「少數選擇」都沒有了，豈不是更加重學子負擔？反之，就如同現今大考簡章的結果一樣，公民考是考，商科不採計就是不採計，不啻潑了招聯會一桶冷水。

高三自然組不上公民會有影響嗎？從「95 課綱」可知，高一、高二公民是列入必修，並不因不同類組而有差異。而不同於歷史、地理高三改教「文化史」與「應用地理」那樣完全是新的教學領域，高三的公民僅爲高一、高二的「進階版」，內容大同小異。又，從大考中心公布的 「公民與社會範圍調整說明」② 可知，高三的部分內容是不考的。所以「聰明的」跨考生仍可自修，「不聰明的」跨考生去補習班，問題並未解決，搞不好反而助長了補習文化。更何況，根據 95 課綱，只能知道選修學分上下限爲 14~19 學分，根本無從得知高三自然組教公民與否。

② http://www.ceec.edu.tw/CeecNews/97-04-23 公民與社會調整說明 .htm。

✦ 笨蛋！不是三年，是一屆！

在「2008 年考公民」這件事情上，我也有不同的看法。

雖然支持者與教育主管機關認爲，經過幾年授課，教師已能勝任公民科的教學，所以考公民是不會產生多大的影響，但是這完全是站在教師本位的立場來思考，並沒有考慮到學生的狀況：

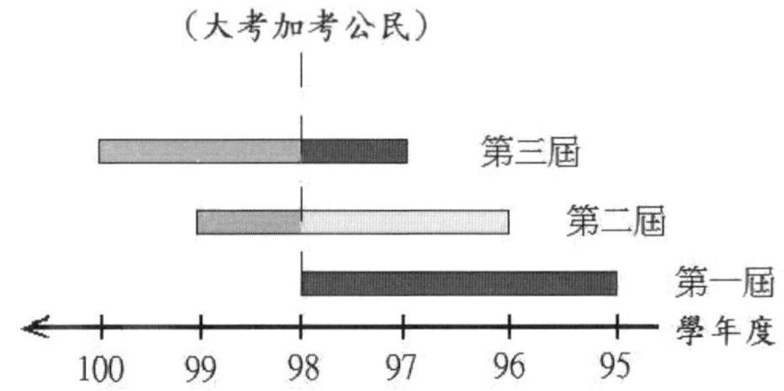

由分析圖可知，雖然從增加「公民與社會」到第一次成爲指考科目中間經過了三年，對老師而言或許有足夠的時間去調適，但是三年的時間只夠讓學生修讀完全套的課程，換句話說，學生根本沒有「喘息」的機會，首屆學生就必須面對這項考試。就別提以前九年國教試辦多少年才開始實施了，從 1994 年學測推甄開始辦理到廢除聯考，中間也隔了七、八年的時間。而首屆參與指考的高中生所使用的課程綱要也早在 1995 年就已出爐。由此可知，不同的教育政策是不會在同屆執行與驗收的，如果教育當局眞有替學生著想的意願，起碼應該先看看前兩、三屆學生適應的程度，再來決定要不要考，而不是像現在第一屆修習「公民與社會」的同學就要接受多出一科考科的事實。

更何況，近年高中課綱仍處於變動的狀態（從 95 課綱改爲 98 課綱，因爲反彈聲浪過大而延後自 2010 年實施，這還不包括部分課綱重修等狀況），屆時整體教學都會有所調整，選在課程新舊交替的時期強推公民考試，眞不曉得教育當局在想什麼。

兼評「增列公民與社會為指定考科建議書」

在 2006 年，前教育部部長杜正勝丟出這個議題，鬧得沸沸揚揚之際，一位臺北市公民科輔導團教師也寫了一篇〈增列公民與社會爲指定考科建議書〉③，強調考公民的必要性。因此在這裡也順便對〈增列公民與社會爲指定考科建議書〉做出一些評論。

這篇文章花了一大段來強調「公民教育的困境」，主要論點「整理」如下：

1. 公民課時數近年來大幅減少。
2. 當初三民主義列爲考科的時候，學校不會將三民主義的課「配掉」。可知，公民課成爲考科時，才不會被「當做配課的手段」。
3. 既然理想上無法破除「升學主義」的迷思，「只有」將公民變爲考科，才能「維護公民教育」的空間。

而上面的論點皆有可議之處。雖然這篇「建議書」僅代表「個人觀點」，但是從「公民老師」的角度來寫這篇文章，卻會有誤導大眾的嫌疑，所以在此不得不提——

✦ 公民課時數大幅減少？

在＜增列公民與社會爲指定考科建議書＞中提到：「九十五年高中課綱將現行高中公民教育中『三民主義』、

③ http://mag.udn.com/mag/campus/storypage.jsp?f_MAIN_ID=12&f_SUB_ID=31&f_ART_ID=30075。

『公民』及『現代社會』三科合併爲『公民與社會』後，必修總學分數由現行十至十四大幅減爲八學分，且高三公民課程列爲選修，由於『考試領導教學』，各高中教務處幾已確定高三時無公民課開課的空間，在學生越發成熟且即將行使公民權之際，卻面臨公民養成教育的中斷，必將影響我國公民素質的深化與優化」，希望藉此突顯「公民與社會」教學「時數」的不足。

然而實際上的情況又如何呢？根據教育部的高中課程綱要，我們可以做個圖表來比較一下「公民與道德」和「公民與社會」的差異——

社會文化		
公民與道德	公民與社會（95 課綱）	公民與社會（99 課綱）
單元一： 社會、文化	單元一： 心理、社會與文化	單元一： 自我、社會與文化
（一）社會化與心理調適 1. 社會化與人格發展 2. 高中階段的心理調適 3. 人生目標與生涯規劃 （二）社會 1. 社會與國家 2. 社會的組織與結構 3. 社會的變遷與發展 4. 我國當前的社會問題與因應之道 （三）文化 1. 文化的概念與組成 2. 次文化與文化多元主義 3. 我國現階段的文化建設 4. 中華文化與世界思潮	高一、二—— 1. 自我與社會 2. 性別差異與性別平等 3. 婚姻與家庭 4. 從親密關係到群己關係 5. **公共性與社會生活** 6. **社會團體與結社** 7. **發現文化** 8. **多元文化**	高一、二—— 1. 自我的成長與準備成爲公民 2. 人己關係與分際 3. 人與人權 4. 公共利益 5. **公民社會的參與** 6. 媒體 7. **文化與位階** 8. **多元文化社會**與**全球化**
	高三—— 1. 現代社會與社會安全制度 2. **社會階層化與社會流動** 3. **全球化、資訊社會與本土化** 4. 社會運動與立法（單元一，現代社會與法律）	高三—— 1. **社會階層化** 2. **社會流動** 3. 社會安全制度 4. 勞動的意義與參與（單元一，現代社會與法律）

道德法律		
公民與道德	公民與社會（95 課綱）	公民與社會（99 課綱）
單元二： 道德、法律	單元二： 教育、道德與法律	單元三： 道德與法律規範
（一）道德 1. 道德與社會生活 2. 我國傳統的道德觀 3. 現代社會的道德特色與道德價值 4. 我們需要特別加強的道德素養──公德心 （二）法律 1. 法律與社會秩序 2. 我國憲法的制定與演變 3. 民、刑法的基本概念 4. 日常生活中的重要法律 5. 調解與糾紛處理	高一、二── 1. 教育、公民素養與終身學習 2. 倫理、道德與社會生活 3. 法律與社會規範 4. 憲法與人權 5. 行政法與生活 6. 民法與生活 7. 刑法與生活 8. 糾紛處理與權利救濟	高一、二── 1. 道德與社會規範 2. 道德與個人發展 3. 法律基本與架構 4. 憲法與人權 5. 行政法與生活 6. 民法與生活 7. 刑法與生活 8. 紛爭解決機制
	高三── 1. 人權保障與釋憲制度 2. 應用民法 3. 應用刑法 4. 應用行政法 （單元一，現代社會與法律）	高三── 1. 憲法與釋憲制度 2. 私法自治的民法 3. 現代刑法新趨勢 4. 防止政府權力濫用的行政法 （單元一，現代社會與法律）

政治		
公民與道德	公民與社會（95 課綱）	公民與社會（98 課綱）
單元三： 政治、國際關係	單元三： 政府與民主政治	單元二： 政治與民主
（一）政治 1. 政府體制 2. 政治文化 3. 政黨、壓力團體與民意 4. 選舉 5. 兩岸關係演變概況 6. 我國政治發展的過去與未來 （二）國際關係 1. 認識國際社會 2. 我國的外交現況 3. 增進我國的國際地位	高一、二── 1. 國家的組成與目的 2. 民主政治與公民德行 3. 政府的組織、功能與權限 4. 政府運作的基本原則 5. 政黨政治與選舉制度 6. 我國的民主憲政發展 7. 兩岸關係 8. 我國外交政策	高一、二── 1. 國家的形成與目的 2. 民主政治與憲政主義 3. 政府的體制 4. 政府的運作 5. 政治意志的形成 6. 人民的參政 7. 國際政治與國際組織 8. 台海兩岸關係的演變
	高三── 1. 民意表達與媒體政治 2. 政府決策與政策評估 3. 國際關係、組織與全球社會 4. 世界主要意識形態 （單元二，民主政治與經濟）	高三── 1. 民意、媒體與政治 2. 國際關係與和平安全 3. 世界主要政治意識型態 4. 中國政治與經濟 （單元二，民主政治與經濟）

經濟		
公民與道德	公民與社會（95 課綱）	公民與社會（98 課綱）
單元四： 經濟、世界展望	單元四： 經濟與永續發展	單元四： 經濟與永續發展
（一）經濟 1. 經濟的基本概念 2. 經濟制度的類型 3. 政府的經濟功能 4. 經濟價值與經濟倫理 5. 個人基本理財觀念 6. 我國對外貿易狀況 7. 我國經濟建設的成就與展望	高一、二—— 1. **經濟學基本概念** 2. **市場經濟制度** 3. 生產與經濟發展 4. 經濟與環境的永續發展 5. 總體經濟指標 6. 總體經濟政策 7. **國際貿易與國際金融**	高一、二—— 1. **經濟學基本概** 2. **市場機能** 3. **全球化與地球村** 4. 永續發展的經濟課題 5. 外部效果 6. **公共財與租稅**
（二）世界展望 1. 環境保護與地球生態 2. 區域合作 3. 世界和平	高三—— 1. 資訊不完全 2. **政府管制** 3. **政府財政收支** 4. **資產市場** （單元二，民主政治與經濟）	高三—— 1. 台海兩岸之經貿 2. 貨幣與銀行 3. **認識股票與股票市場** 4. 物價與失業 （單元二，民主政治與經濟）

【「公民與道德」、「公民與社會」比較（相同字體字代表 95、98 課綱同一單元，加底線則代表「公民與社會」也會上到），資料來源——
高級中學課程標準暨綱要：http://www.edu.tw/high-school/content.aspx?site_content_sn=8403
公民與道德課綱：
http://www.edu.tw/files/site_content/B0037/ 高級中學公民課程標準 .doc
公民與社會課綱（95）：
http://www.edu.tw/files/site_content/b0037/10.doc（高一、二）
http://www.edu.tw/files/site_content/b0037/40.doc（高三）
公民與社會課綱（98）：
http://www.edu.tw/files/site_content/B0035/ 公民與社會 - 必修 .pdf（高一、二）
http://www.edu.tw/files/site_content/B0035/ 公民與社會 - 選修 .pdf（高三）】

從公民科社會、法律、政治、經濟四大單元不同年份的課程綱要可知，「公民與道德」和「公民與社會」的整體架構基本上大同小異。「公民與社會」高三的內容則是高一、二的深化，而三民主義的課程在此早已「銷聲匿跡」。所以也就是說，現行的課程安排對公民的教學時數並無影響，甚至，因為社會組的公民科隨著教學從高二提前到高一的影響，時數反而有所增加，與該文章所提的「時數減少」明顯不符④。

✦ 考試就能解決問題？

在＜增列公民與社會為指定考科建議書＞，還為考公民提出了這樣的「辯護」：

理想上，我們希望整個教育體系，包括政府的教育行政單位，學校、學生、家長、教育工作者等，都能破除「升學主義」的迷思。然而，這個期望在我們殷殷的道德勸說下，卻得不到絲毫具體的回應與改進。現在，我們只能試著轉化，盡力維護公民教育在現實環境中的空間。因此，我們建請教育部將「公民與社會」列為大學入學指定考科，以確保國家未來國民之基本公民知能。

當然啦，這種說法是非常可笑的。就像是告訴大家「既無法『向上提升』，乾脆『向下沉淪』」一樣。這只是充分顯示了公民教師「要讓公民科受到重視」的可悲。

④ 也許可能會有人質疑「現代社會」的教學部分我似乎隻字未提，但需要注意的是：「現代社會」的部分雖然與公民科的教學有一定相關，但是當初課綱的安排是歷史、地理與現代社會三選二，想也知道學校會選哪兩科。或者，正是為了確保高三公民選修學校得安排，所以公民老師大力「鼓吹」公民變成考科？

我同意考試是促進學習的一種方式，藉由考試判斷自己的盲點。但是學習不能光靠考試。如果任何一個科目，都要靠考試才能引起學生的重視，我國教育的「考試引導教學」的現象是否也太過嚴重了？教育部十幾年前喊出「快樂學習」的口號，正是要破除這種「考試引導教學」的迷思。現在考公民的主張，完全與當初教改的理想背道而馳。

現在的教改是失敗的——至少很多家長、學生如此反應。但是可不可以因爲它的失敗，連帶就把它的動機、理想一併否定呢？如果說「考試引導教學」是錯誤的觀念，就應該想辦法導正這種觀念，而不是被這種觀念牽著鼻子走吧！

可嘆的是，「公民科考試」開啓了一個「惡例」：主事者可以「以教育之名」，將任何一科他們想「強調」的科目，都列入考試範圍。它也「鼓勵」其他學科，只有列入大學考科，才能獲得學生「重視」。想像一下，爲了讓學生「德智體群美，五育並長」而每一科都成爲大學考科時，會是什麼局面。

有誰想到學生？——冷眼旁觀教育當局的態度

✦ 九成教務主任支持？——大考中心可議的「民調」

當時爲了加考公民政策推行，大考中心搬出「九成高中支持」的「民調結果」，藉以強化「考公民」的「民意基礎」。

但「九成高中支持」的結果到底怎麼來的？大考中心雖不是訪問公民老師——「考公民」的議題，公民老師多少也起了「推波助瀾」的效果。但也不敢找家長或學生做調查，怕出現「一面倒」的反彈。

它選擇的受訪對象是「教務主任」。

而所謂「九成高中支持」的數據，也不過就是訪問兩百五十九所高中「教務主任」後所得的「結果」。

這種「民調結果」只會讓人覺得很虛僞：如果「考公民」眞有其「專業考量」，根本不需要民調背書大考中心也會強力執行，既然要用民調來觀察大眾對公民考試的反應，那也應該找會受到考公民「影響」的「民意」作爲受訪對象。教務主任看似爲「中立的第三方」，但他主要管的是「行政業務」，鮮少負責「科任教學」，頂多只能算是「半個科任老師」⑤。如果訪問「教務主任」OK 的話，爲什麼不乾脆訪問「學務主任」、「總務主任」，甚或「校長」、「路人甲」、「路人乙」算了？

⑤ 更何況，就算是「科任老師」，也只要負責所授科目的教學進度，而不需顧慮學生整體學習情形如何。請問一位物理、化學專任老師需要知道「考公民」對學生整體學習的影響嗎？

也許有人會問，要找受到考公民「影響」的「民意」做爲受訪對象，但是公民老師與家長、學生是站在對立的兩面，民調怎麼做得出來？事實上，縱使不訪問公民老師或家長，還是能找到比教務主任更具代表性的「中立的第三方」作爲受訪對象：

一是「現任」高中導師。不同於一般科任教師，導師除了負責教授專業科目以外，還必須隨時掌控班級的整體狀況，以及做爲學生與家長之間的溝通管道。是僅次於家長與學生本身，對學生學業負荷最爲了解的第一線工作者⑥。

另外一個是大學各科系。因爲指考就是做爲大學的選才依據，而科目採計又不再像以前一樣硬性規定爲四個類組，而是改由各科系自行決定，各科系理應清楚該採計哪些學科以判定高中生是否具備就讀該院系的基本條件。公民科是否應成爲指考採計科目，自然該問過各系所的意見。

高中各班導師對採計公民的看法如何我不得而知，但是大學各科系是否採計公民卻是可以查證的。根據聯分會2011年的「校系分則查詢系統」可知，819個社會組系組中⑦，採計公民科的只有156個，還不到五分之一。顯然公民科的「賣相」不是很好。

✦ 採計科目減少，又如何？

大考加考公民後，面對社會的反彈聲浪，教育部想到的「改善方案」，不是重新檢討公民科列入考科的必要性，而是採取了一種看似「兩面討好」的方式：「減少採計科目」。

⑥ 尤其是高三導師，因爲他們對同一個班級的學生整體學習狀況至少有一年以上的掌握，而且仍然「持續關注」中。

⑦ 這裡「社會組系組」的定義爲僅採計「社會組科目」的系組，所以不包括採記術科的科系在內。

但，「減少採計科目」方案就算眞給招聯會通過，那又如何？各校系可選擇的科目數量是沒有變的！不管採計科目降到幾科，只要有明星校系願意採計公民一屆，管它是「增採」、或「改採」公民科，公民科就可以再「存活」一年。

校系名稱	採計科目（2009 年）	採計科目（2010 年）
台大外文	國、英、數、史、地、公民	國、英、史、地、公民
台大社會	國、英、數、史、地	國、英、數、史、公民
師大英語	國、英、數	國、英、數、史、地、公民
師大東亞文化	國、英、數、史、地	國、英、數、史、地、公民
成大政治	國、英、數、史、地、公民	國、英、數、史、公民
政大哲學	國、英、數、史、地、公民	國、英、數、史、公民
政大民族	國、英、數、史、地、公民	國、英、公民
臺北法律（法學）	國、英、數、史、地	國、英、數、史、公民
臺北法律（司法）	國、英、數、史、地	國、英、數、史、公民
臺北法律（財法）	國、英、數、史、地	國、英、數、史、公民
臺北中文	國、英、數、史、地、公民	國、英、史、地、公民

（名校各系「增採」、「改採」公民科情形⑧）

而對於高中生來說，「採計科目下降」並沒有使他們的負擔減輕，除非日後將文組分成「教公民」和「不教公民」兩組，否則所有文組學生都必須要接受公民科的「洗禮」，直到高中畢業爲止。就像不管喜不喜歡，理組的學生到高二都還要讀史地，三類組的學生到高三都還要念生物一樣。

⑧ 即便如此，這個「方案」到了下一屆考試也無法完全延續。根據〈100 學年度大學考試入學分發招生簡章〉，台大社會、師大英語直接放棄了公民的採計，台大外文則恢復了 2009 年的採計方式。另外，師大東亞系分成兩組招生，但採計公民的也只有一個。

關於「公民課」

✦ 小學就有教，但是你還記得嗎？

其實在<增列公民與社會爲指定考科建議書>中提到公民教育可以「強化公民責任」、「培養公民素養」、「確保法治人權」我都能認同，但是否「公民科教育」（尤其是高中公民科教育）就可與公民教育畫上等號，我就很懷疑了。

這讓我想到當年在《聯合報》的一篇投書〈考公民……他們的生命還感受不到〉⑨，這篇文章的作者提到他「高中時代的公民課本，早已將社會科學全部學科合在一起，可是卻一點印象都沒有」這件事。

如果「公民課」是高中時才開始著手教育，還可以說因爲時間太短收不到效果而視爲理所當然。不過倘若在高中之前就有這方面的課程安排呢？很顯然已經不是單純「學生能不能負擔」這樣一回事了。那麼，是不是代表我們的公民教育出了問題？

口說無憑，以下舉兩段課文概要給各位看看——

課文概要一：張三過世，在遺囑中記載將其遺產全數捐給某孤兒院。張太太一面為先生如此的愛心而感動，卻也擔心她和兩個小孩日後的生計問題。直到孤兒院院長和律師來訪，告知有關民法上遺產「特留分」的事宜，終於讓張太太放下心中的這塊大石頭。⑩

⑨ 見「意見評論」，《聯合報》，2006/03/22。
⑩ 《小執法說故事》第七冊，第八課。

課文摘要二：張三向李四借錢，當時曾提出「開立借據」或「拿自己家中的骨董花瓶作抵押」，但李四認為「都是老朋友了有什麼問題」而沒有答應，沒想到當李四要張三還錢的時候，張三竟然「翻臉不認人」，全盤否認與李四的金錢往來。雙方對簿公堂，李四因為沒有證據證明其與張三之間有金錢往來而被判敗訴，懊悔不已。⑪

這兩課課文當中，已告訴學生有關民法的「繼承」與「借貸關係」的概念。不過不用懷疑，這些都是當時青輔會爲小學生編撰的「法律常識」課文內容。全套教材一共八冊，從小學三年級一路上到小六。

相信大家一定備感訝異：原來小學的課程就已經教了我們這麼多！可是經過這麼多年，又有誰能記得？假如現在叫大家來說明什麼是「應繼分」與「特留分」，又有多少人知道是怎麼一回事？

從這裡就告訴我們一個結論：問題不在於時數的多寡，而是公民教育需要通盤調整。將「公民教育」完全分配在「公民科」一科是否合理？一門課要同時包涵社會學科的各種應用素材、而且這種「素材」並非完整連貫的觀念，而只是零碎片段人爲拼湊出來的「整體」（而這個「整體」就是公民科的課綱）。不僅是學生吸收的問題，教師的學識素養也是同等重要的一環。而那些鼓吹「公民納入考科」的公民教師，又有幾位能夠站出來，證明自己的「公民學識」堪作學子的表率，以告訴大家公民課、甚至公民科考試的必要性呢？

⑪ 《小執法說故事》第七冊，第十課。

✦「高職生」沒考公民，所以……？

可是教育當局不願去正視這個問題，他們寧可相信「考公民」就能有「好公民」、寧可相信用「紙筆測驗」、「標準答案」就能夠測出一個人的「社會實踐」。

根據當時媒體的報導，前教育部長杜正勝說，現在很多成年人法治觀念不清楚，年輕人更是犯法都不自知，絕對有必要加強法律等社科知識。讀書不是爲了考試，教育部強調公民課，並非故意刁難學生，但不考公民，將不利學生培養守法的健全人格，加考絕對有必要。

這種說法也是大有問題，如果「加考公民是學生培養守法的健全人格的必要條件」，那沒考公民、甚至沒上公民課的高職生，是否就代表他們的「公民知識」完全不及格？

我想到民國 84 年版的高中課程綱要，那份課綱是這樣說明的：

公民教育包括「公民」、「班會」及「團體活動」，其中「團體活動」包括週會、團體活動，上述活動均應儘量與公民科教學相互配合。且公民科教學應以活動、實踐為主。

如果說，當初課程的安排，是以「生活實踐」做爲公民教育的主要目標，從書本回歸到生活之中。那麼公民科的考試，是否等於將「生活」抽離，拉回到課本？是否完全否定了當初的構想？很不幸的，從「95 課綱」刪除「公民教育」領域、將「公民與社會」放進「社會領域」開始，似乎就預先「告知」了這種結果。

✦比「法律常識」好一點？

我想到了以前的「法律常識測驗」。

還記得中小學時候，學校每學期都會舉辦「法律常識測驗」。在測驗前，一兩張講義，老師在上面畫重點，說只要把這幾行記起來就好。等到考試的時候，眞的就只考這幾行。題目也都出奇的簡單，四個選項看一看，只要重點沒畫過的就是錯，隨便考考，全班平均都有八、九十分。爲什麼每學期每學年都要舉辦這樣的考試？沒辦法，上頭有交代。

如果「加考公民是學生培養守法的健全人格的必要條件」，可以「培養」全體中小學生的「法律常識測驗」辦得如此隨便，卻妄想透過部分高中生「加考公民」就能「達成目標」，教育當局打的又是哪門子的「如意算盤」？

寫到這裡，我大概可以預期「考公民」對學子「公民素養」培養的結果了：「沒考公民的學生」我不知道，「有考公民的學生」——大概比「法律常識」好一點。

✦再見 公民科！

當一位教師教不來的時候，如果讓所有教師來共同分攤這份繁重的內容，是否能收到更好的效果？該是我們改變教學方式的時候了。

在龍應台女士〈有能力的人，請把你的燭光照得更遠〉文章中提到她的孩子在德國求學的經驗，讓我看到了另一種不同的思維：

他們沒有一門專門的課叫「公民教育」或「公民與政治」，他們的公民教育完全是滲透在所有的課程裡，在政治課談國家體制，在社會課談社會結構，在宗教與倫理課談個人和環境的關係，在英文課談美國的民主制度，法文課講的是阿拉伯裔在巴黎的生活狀態，地理課講的是全球化下的經濟結構轉變，歷史課談的是個人良知的抉擇……。所謂世界公民教育，根本不需要一堂課來教你，因為它是沒有界限、隨處可得的，可能是學校，也可能是媒體，在這種環境下長大的孩子，怎麼會沒有世界公民意識？

這種思維表現的結果，乍看之下「沒有人是公民老師」，可是實際上「人人都是公民老師」，因爲將公民科的每一個個別的片段（如政治、經濟）放入了不同的課程教學（如文學、歷史）當中。所以縱使不提「廣義的生活」而只看「狹義的教學」這一方面，「公民素養」也是無所不在，根本不需要將公民再獨立成一科。

沒有說不懂法律就一定不曉得守法，因爲法律是隨著社會的公序良俗在走的。公民科也是如此。學習社會科學，最重要的就是要與社會結合。考試基本上只有一個標準答案，而出了社會，答案卻有各種可能。所以與其花時間研究考試的內容，不如想辦法改變教學的方式。不是只有教室才是唯一教學的地方，帶著學生走出去，關心社會議題，最好還能有親自觀摩體驗的機會，以培養自己判斷思辨的能力，並且在課堂上加以討論，傾聽不同的聲音，並發表自己的看法，藉以將公民融入生活之中。畢竟，培養公民的素養比培養公民的知識要來得重要得多。

最後還是不免要對我們的教育當局提出呼籲：如果眞的覺得「公民考試」以及考試所衍生出來的問題有必要做通盤檢討，別只是拿「減少採計科目」來搪塞，要就乾脆一點，在局面不可挽回以前，趕快把公民考試給廢掉！

「中華文化基本教材」教了什麼文化？

其實針對「中華文化基本教材」(簡單來講，就是「四書」的選輯) 列爲「必選」這件事，相較於「家長團體」、教改人士的「怒吼」，我個人是沒多少感覺的。因爲在我念書的時候，「中華文化基本教材」(那時候叫「中國文化基本教材」) 就是高中國文課程的一環。現在教育部將「論語孟子選讀」增設「大學」、「中庸」的內容，並將科目名稱改爲「中華文化基本教材」，頂多就是「回到過去」而已。

只不過「中華文化基本教材」這門課程到底能發揮多大效用，我頗爲懷疑。坦白來說，如果靠「中華文化基本教材」就能讓學生「了解中華文化」並「奠定實踐生活素養、生涯發展及生命價值之基礎」，那麼把「四書」列爲教科書或許更爲乾脆一點。

這樣質疑並非沒有原因，就像作家張大春說的，既然「四書教學」與「國文課本內容」沒說不可以是互文，那麼不管教育部的言詞有多漂亮，還是沒辦法掩蓋「考試影響教學」這一事實⑫。

不僅如此，當這些蛋頭學者在爲了「多一堂國文課」而感到沾沾自喜的時候，他們根本沒想過，語文教育會出問題，根本的原因就在於，從「國民教育」開始，台灣的學校教育就安排了過多沒必要的課程。更何況，受到其他升學考科的擠壓，光靠多出來的一堂課根本無濟於事。

⑫ 參考資料：張大春，〈笨蛋 不在考 在不會教〉。http://tw.nextmedia.com/subapple/articleblog/art_id/33233208/IssueID/20110308

當然，到此爲止都是從升學考試層面來分析，接下來我打算換個角度探討這個問題，那就是：「中國文化基本教材」能教給我們什麼文化？

✦「中華文化」只有儒家？

我眞的搞不懂，明明先秦時代是「百家爭鳴」，我們的「中華文化基本教材」卻是獨厚儒家。雖然這些教授們以「諸子百家在國文課本裡也有出現」爲遁辭，但是「四書」與「其它思想」的「份量」顯然不成比例。

這並不是否定儒家作爲中華文化思想的代表性，而是我們必須要承認儒家思想並不是那麼完美。更明確的說，儒家思想並不見得是唯一的標準。

比方說，《論語》有段文字這麼記載：

微子去之，箕子為之奴，比干諫而死。孔子曰：「殷有三仁焉。」⑬

但是就《老子》的觀點，則完全不是這麼一回事：

大道廢，有仁義；智慧出，有大偽；六親不和，有孝慈；國家昏亂，有忠臣。

簡單來講，當所謂的「仁義道德」喊得震天價響的時候，通常就是它們最衰敗的時候。如果仁義道德已成爲普世奉行不悖的生活準則，我們還要去「強調」它幹嘛？

這是主張「疾風知勁草，板蕩識忠臣」的儒家所難以理解的。

⑬《論語．微子第十八》。

而到了《莊子》，則更是假託「孔子」與「強盜大哥」的對談，把儒家狠批了一番：你要跟我談鬼神，我也不知道鬼神是怎麼回事啦，可是你要跟我談什麼人生大道理的話，社會公認的那些「聖人才士」下場也不過如此嘛！⑭

角色		下場
賢士	伯夷、叔齊	商朝滅亡後「義不食周粟」，餓死首陽山。
	鮑焦	對大環境不滿，抱樹憂憤而死
	申徒狄	商朝末年，進諫不受採納，抱著石頭跳河自殺。
	介子推（介之推）	晉文公在外流亡的時候時與之共患難，回國後卻把他給忘了（傳說晉文公得知介子推隱居的地方後，曾下令放火燒山，企圖逼他出來，不料他不肯下山，最後抱著大樹被燒死）。
	尾生	跟正妹相約橋下，沒想到正妹放他鴿子，最後被大水沖走。
忠臣	比干	紂王把他的心臟挖出來看。
	伍子胥	被吳王夫差賜死，屍體被拋進錢塘江。

（因為怕文言文大家看不懂，還是做成表格好了）

這位「強盜大哥」厲害的地方在於，他完全避開了「惡有惡報」的情形不提，而專就「善有惡報」來論。恰巧呼應了《老子》的「天地不仁，以萬物為芻狗」這段論述。

而在《莊子》中，非議儒家的言論，還多著呢！

《莊子 · 山木篇》記載，當「孔子」被圍困於陳蔡之間，有一個叫「大公任」的跑去慰問他，告訴孔子說：「你的用意，不過就是誇耀聰明來驚嚇愚笨的人、修身養性以凸顯汙穢，就像是大剌剌的將太陽月亮高高拿在頭上走路一樣，這些災禍自然就無法避免了。」⑮

⑭ 故事出自《莊子 · 盜跖篇》。
⑮ 《莊子》原文為：子其意者飾知以驚愚，修身以明汙，昭昭乎如揭日月而行，故不免也。

最後這則故事的「結局」，自然就變成了：

孔子曰:「善哉！」辭其交遊，去其弟子，逃於大澤;衣裘褐，食杼栗；入獸不亂群，入鳥不亂行。

這一則故事則呼應了老子的「天下皆知美之爲美，斯惡矣。皆知善之爲善，斯不善矣」。

這當中其實沒有誰對誰錯、孰優孰劣之分，全然是價值觀不同的緣故。

當然我們也別忘了，縱然在不同思想底下，仍然可以看到這些哲學家抱持的相同信念。

比方說，在《論語．陽貨第十七》，孔子說「予欲無言」之後，子貢問孔子：「老師不發一言，那我們要如何記述老師的理論呢？」孔子就反問子貢：「老天爺有說話嗎？可是春夏秋冬照樣運轉，萬物照樣生長，不是嗎？」⑯

而在《莊子》，則透過「孔子」的口吻教育「顏回」：「我心目中的你，很快就消失了；你心目中的我，也很快就消失了。雖然如此，你又有什麼好擔憂的呢？『過去的我』雖然消失了，但還是有『永恆不變的我』存在」⑰。

有意思吧！《莊子》筆下的「孔子」，簡直比真實的「孔子」還「孔子」了！

✦ 孔子的思想不能被打破？

亞里士多德有云:「吾愛吾師，吾更愛眞理」。可嘆的是，我們的「四書」教了半天，除了教出了一群書呆子，完全無

⑯ 原文爲「子曰：『予欲無言。』子貢曰：『子如不言，則小子何述焉？』子曰：『天何言哉？四時行焉，百物生焉，天何言哉？』」

⑰ 原文出自《莊子．田子方》：「吾服女也甚忘；女服吾也甚忘。雖然，女奚患焉！雖忘乎故吾，吾有不忘者存。」

法培養出有個性，有思想的青年。問題不出在孔孟，而是出在我們只能在舊有框架中打轉無法突破。

既然要談「四書」，當然要將孔孟思想對照一番。舉例而言，孔子曾說：

君子有三畏：畏天命，畏大人，畏聖人之言。⑱

同樣的觀念，也表現在孔子的行爲上：

入公門，鞠躬如也，如不容。⑲

可是孔子的主張到了孟子，就變成了：

說大人，則藐之，勿視其巍巍然。堂高數仞，榱題數尺，我得志弗為也。⑳

這不是顯然和孔子的主張相違背嗎？但我們卻說孟子發揚了孔子的精神。

而孟子所爲還不僅於此，他甚至補充了許多孔子缺漏的地方。舉例來說，《論語》裡面提到：

齊景公問「政」於孔子。孔子對曰：「君君，臣臣，父父，子子。」公曰：「善哉！信如君不君，臣不臣，父不父，子不子，雖有粟，吾得而食諸？」㉑

在這裡孟子會主張，「孔子的論述」並非教大家做一個保守、安於現狀的人，眞正的道理在於，君臣之間的關係是相互影響的：

⑱ 《論語・季氏第十六》。
⑲ 《論語・鄉黨第十》。
⑳ 《孟子・盡心下》。
㉑ 《論語・顏淵第十二》。

君之視臣如手足，則臣視君如腹心；君之視臣如犬馬，則臣視君如國人；君之視臣如土芥，則臣視君如寇讎。㉒

再舉個例子，《論語》當中記載：

子貢問曰：「何如斯可謂之『士』矣？」子曰：「行己有恥，使於四方，不辱君命；可謂『士』矣。」曰：「敢問其次。」曰:「宗族稱孝焉，鄉黨稱弟焉。」曰:「敢問其次。」曰：「言必信，行必果，硜硜然小人哉，抑亦可以為次矣。」曰：「今之從政者何如？」子曰：「噫！斗筲之人，何足算也！」㉓

關於「言必信，行必果」這部分，孟子則進一步解釋：

大人者，言不必信，行不必果，惟義所在。㉔

這些東西，上「中國文化基本教材」的時候會講嗎？

而如果對孔子有更深入的研究就會發覺，孔子雖然提出了許多劃時代的思想，仍然不免爲時代的框架所囿。比方說，在《孟子》裡面提到了關於孔子作《春秋》的時空背景：

世衰道微，邪說暴行有作，臣弒其君者有之，子弒其父者有之。孔子懼，作春秋。春秋，天子之事也。是故孔子曰：「知我者其惟春秋乎！罪我者其惟春秋乎！」㉕

其實「孔子作春秋」最大的問題，並不是於孔子「越俎代庖」，做了史官應該做的事，而是在於孔子寫《春秋》的時候——

㉒《孟子．離婁下》。
㉓《論語．子路第十三》。
㉔《孟子．離婁下》。
㉕《孟子．滕文公下》。

為尊者諱，為親者諱，為賢者諱。

為尊者諱恥，為賢者諱過，為親者諱疾。㉖

所以最後根據李敖的統計，我們發現：

在《春秋》所記的兩百四十年中，魯國的皇帝，四個在國內被殺，一個被趕跑，一個在國外被殺，這樣六件重大的事，孔夫子竟在《春秋》裡，一個字也不提。這哪裡是寫真相呢？這不是有意說謊嗎？

正因為孔夫子在有意說謊，所以，他的學生們也就跟著造謠，竟說：「魯之君臣，未嘗相弒！」意思是說：「我們魯國呀，沒有家醜。皇帝和臣子之間，沒有凶殺案！」

像這一類有意說謊的例子，還多著呢！

如狄國滅了衛國，孔夫子為了替齊桓公遮蓋，竟把這樣一件大事一筆帶過，寫也不寫。又如晉國諸侯竟傳見周朝的皇帝，這是很不成體統的事，孔夫子為替晉文公遮蓋，他意改變一種寫法，與事實的真相差了十萬八千里。㉗

難怪李敖要罵孔子的「春秋之筆」是「爲所尊敬的人瞞瞞瞞、爲親人瞞瞞瞞、爲賢者瞞瞞瞞」了。

這樣被封建框架限制住的思維自然踢到了鐵板，在《論語》就有一段故事：

陳司敗問：「昭公知禮乎？」孔子對曰：「知禮。」孔子退，揖巫馬期而進之，曰：「吾聞君子不黨，君子亦黨乎？君取於吳為同姓，謂之吳孟子。君而知禮，孰不知禮？」

㉖ 文出《公羊傳‧閔公元年》與《穀梁傳‧成公九年》。
㉗ 文字出處：李敖，〈直筆 -- 亂臣賊子懼〉，《獨白下的傳統》。

可是孔子畢竟是有服善之勇的人，當巫馬期轉告孔子這段話之後。孔子說：

丘也幸，苟有過，人必知之。[28]

換句話說，縱然這樣的「過」之所以產生是因爲時代的因素而非孔子個人的問題，但是孔子並沒有將他所犯的錯誤歸咎於時代，而是選擇一肩扛起。

結論就是：**孔子超越時代，孟子超越了孔子，我們超越不了孔孟，卻絲毫不曾感到羞恥。**

✦ 這是哪門子的「孔子」？

倘若我們的教育只是教出了一堆「讀了孔孟思想卻不懂得融會貫通」的書呆子，那也就罷了。可笑的是，就算是我們在教科書上讀到的「儒家」，也都是藏頭去尾，經過了一番刪節，以至於完全失卻其本意。

以民國七十年代的高中國文爲例，當年「禮運大同篇」可是「國編版」課本必然出現的教材，全文如下：

昔者仲尼與於蜡賓，事畢，出遊於觀之上，喟然而嘆。仲尼之嘆，蓋嘆魯也。言偃在側曰：「君子何嘆？」孔子曰：「大道之行也，與三代之英，丘未之逮也，而有志焉。大道之行也，天下為公。選賢與能，講信脩睦，故人不獨親其親，不獨子其子，使老有所終，壯有所用，幼有所長，矜寡孤獨廢疾者，皆有所養。男有分，女有歸。貨，惡其棄於地也，不必藏於己；力，惡其不出於身也，不必為己。是故，謀閉而不興，盜竊亂賊而不作，故外戶而不閉，是謂大同。」

[28] 《論語．述而第七》。

倘若你整篇課文讀完卻不會問「孔夫子到底在嘆個啥」，你的腦袋一定有問題。因爲這段話根本沒講完嘛！

這種荒謬的課文，總不能怪到教改「一綱多本」、「去中國化」的頭上吧！

這並不是替一綱多本背書，各位只要看完前面的〈一綱多少本？——談教科書選用的問題〉，就可以知道我對現今一綱多本的實行狀況是很有意見的。然而無可諱言的，當考試範圍完全在「單一版本」上打轉的時候，很可能使得學生因爲過度專注於課本的內容，導致思考僵化了。

回到剛剛的「禮運大同篇」，到底孔子後面說了些什麼？稍微認眞點的國文老師就會說，「孔子接下來要講的是」：

今大道既隱，天下為家，各親其親，各子其子，貨力為己，大人世及以為禮。城郭溝池以為固，禮義以為紀；以正君臣，以篤父子，以睦兄弟，以和夫婦，以設制度，以立田里，以賢勇知，以功為己。故謀用是作，而兵由此起。禹湯文武成王周公，由此其選也。此六君子者，未有不謹於禮者也。以著其義，以考其信，著有過，刑仁講讓，示民有常。如有不由此者，在執者去，眾以為殃，是謂小康。

但是用功一點的學生就會發現，這段話其實是個開場白，重點是：你孔老夫子講了老半天，「禮」的重要性到底在哪裡？

言偃復問曰：「如此乎禮之急也。」孔子曰：「夫禮，先王以承天之道，以治人之情。故失之者死，得之者生。《詩》曰：『相鼠有體，人而無禮，人而無禮，胡不遄死！』

是故夫禮，必本於天，為於地，列於鬼神，達於喪祭射御冠昏朝聘。故聖人以禮示之，故天下國家可得而正也。」

那麼「禮」到底是什麼呢？子游繼續問他的老師：

夫子之極言禮也，可得而聞與？

這時候，孔子才開始滔滔不絕的說出自己的理念。而後面的兩千四百多字，才是〈禮運〉最精華的部分。

最後我們終於恍然大悟：〈禮運〉全文在「國立編譯館」的刪減之下，真正精華的地方都被砍光光了，就像是一個人，頭被砍掉了一半，結果我們只能看到半顆頭，下面沒有了。

✦ 宋明理學也談孔孟啊

至於我爲什麼特別在意教科書「傳遞了什麼觀念」而不是「選了哪些文章」，主要理由就是：**教育的目的，除了獲取知識外，更重要的是「培養獨立思考的精神」。因爲人與其他動物的最大差異，在於人類具有自由意志，而其他動物沒有。**

套句印度電影「三個傻瓜」(3 Idiots) 裡面的台詞：有鞭子在，就算是一隻馬戲團的獅子，也得學會坐下。可是你們只會說這獅子「訓練得不錯」，不會說「教育得很好」。

所以在我看來，不管「中華文化」還是「西方思潮」，都只是教育的手段。如果只是要培養一群「孝子賢孫」，就算教的是「孔孟之道」又如何？宋明理學也談孔孟啊！可是明末清初大儒顧炎武就批評宋明理學：「人人都知道，『五胡亂華』都是清談惹的禍，沒想到我們現在清談的情形，比『五胡亂華』的時候還糟糕。因爲過去的清談，只有談到『老莊』；現代清談，談的卻盡是孔孟思想！儒家的精華還沒得到，概略的意涵就先丟光了。實用的學問被當作胡扯、空談的主題，害得國家社會一團亂。」㉙

與顧炎武同時期的顏元，罵起理學家來，言詞則更爲激烈：

宋、元來儒者卻習成婦女態，甚可羞。無事袖手談心性，臨危一死報君王，即為上品矣。豈若真學一復，戶有經濟，使乾坤中永享治安之澤乎！㉛

平常講道德、談學問，說一大堆大道理，等到國家有危難的時候，一死了之，如此而已，竟然就是上品了！用「眞正的」儒家標準來衡量，未免太離譜了吧！想想看，在《論語》中孔子是怎麼評價管仲的：

子路曰：「桓公殺公子糾，召忽死之，管仲不死。」曰：「未仁乎？」子曰：「桓公九合諸侯，不以兵車，管仲之力也。如其仁！如其仁！」

子貢曰：「管仲非仁者與？桓公殺公子糾，不能死，又相之。」子曰：「管仲相桓公，霸諸侯，一匡天下，民到于今受其賜；微管仲，吾其披髮左衽矣！豈若匹夫匹婦之為諒也，自經於溝瀆，而莫之知也！」㉜

㉙ 原文爲：劉、石亂華，本於清談之流禍，人人知之；孰知今日之清談，有甚於前代者。昔之清談，談老莊；今之清談，談孔孟。未得其精已遺其粗，未究其本先辭其末，不習六藝之文，不考百王之典，不綜當代之務，舉夫子論學、論政之大端一切不問，而曰一貫、曰無言，以明心見性之空言，代修己治人之實學。股肱惰而萬事荒，爪牙亡而四國亂，神州蕩覆，宗社丘墟。出自顧炎武，〈夫子之言性與天道〉。

㉛ 文字出處：顏元，〈存學篇卷一〉。

㉜ 《論語・憲問第十四》。

孟子也說過：「可以死，可以無死，死，傷勇。」與孔孟的主張相較，眞不曉得這算是進步還是退步。

✦ 李宗吾的「讀書三訣」

看到這裡也許有人會問：既然「培養思考能力」才是學習的主要目的，在閱讀這些古代典籍的時候又該抱持什麼樣的信念呢？在此推薦李宗吾的「讀書三訣」給各位參考：

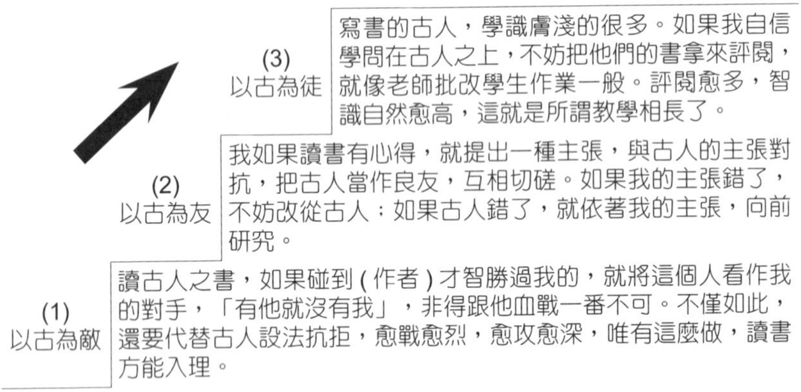

(3) 以古為徒：寫書的古人，學識膚淺的很多。如果我自信學問在古人之上，不妨把他們的書拿來評閱，就像老師批改學生作業一般。評閱愈多，智識自然愈高，這就是所謂教學相長了。

(2) 以古為友：我如果讀書有心得，就提出一種主張，與古人的主張對抗，把古人當作良友，互相切磋。如果我的主張錯了，不妨改從古人；如果古人錯了，就依著我的主張，向前研究。

(1) 以古為敵：讀古人之書，如果碰到(作者)才智勝過我的，就將這個人看作我的對手，「有他就沒有我」，非得跟他血戰一番不可。不僅如此，還要代替古人設法抗拒，愈戰愈烈，愈攻愈深，唯有這麼做，讀書方能入理。

(整理自李宗吾「讀書三訣」)

一般人談到李宗吾，大概都只聽過他的「厚黑學」，好像主張什麼「厚如城牆、黑如煤炭」；乍讀他的書，搞不好還以爲他是個滿篇八股的民族主義者；但是倘若認眞研究過他的思想，就會發覺他其實是位倡導「思想獨立」的急先鋒，前面這段「讀書三訣」就是最好的證明。

✦ 應該讀王充的《論衡》

各位或許感到好奇，爲什麼文章末段突然「天外飛來一本書」呢？因爲既然要學四書，就不能不提王充《論衡》的〈問孔篇〉。

王充是何許人也？如果沒有學過「國學概要」，我想能夠不要把他跟「三國演義」裡面使用「美人計」殺掉董卓的「王允」混為一談就已經很不錯了。可是就算有上過「國學概要」，大概頂多也只記得他寫過一本《論衡》，其餘的也就一概不知了，自然也就無法了解他在思想上有什麼獨特的地方。

然而《論衡》這一本書之所以值得重視，除了因為它對當時學術上充斥著陰陽五行、讖緯符錄等現象的批評外，書中有些觀念，縱使擺到現代社會來看，也是非常前衛的。比如〈物勢篇〉一開頭，就說——

儒者論曰：「天地故生人。」此言妄也。**夫天地合氣，人偶自生也。猶夫婦合氣，子則自生也。夫婦合氣，非當時欲得生子；情慾動而合，合而生子矣。且夫婦不故生子，以知天不故生人也。**然則人生於天地也，猶魚之於淵，飢虱之於人也。因氣而生，種類相產，萬物生天地之間，皆一實也。傳曰：「天地不故生人，人偶自生。」

〈問孔篇〉是《論衡》其中一個篇章，全文八千字，與後面的「非韓」、「刺孟」同樣都是王充的讀書筆記。既然是「問孔」，自然就是對《論語》裡面孔子的思想提出質問。換句話說，這裡的「問」，不單是「疑問」，更是「反問」。舉例而言——

孔子曰：「富與貴，是人之所欲也，不以其道得之，不居也；貧與賤，是人之所惡也，不以其道得之，不去也。」此言人當由道義得，不當苟取也；當守節安貧，不當妄去也。

夫言不以其道，得富貴不居，可也；不以其道，得貧賤如何？

富貴固可去，去貧賤何之？去貧賤，得富貴也。不得富貴，不去貧賤。如謂得富貴不以其道，則不去貧賤邪？則所得富貴，不得貧賤也。貧賤何故當言得之？顧當言貧與賤是人之所惡也，不以其道去之，則不去也。當言去，不當言得。得者，施於得之也。今去之，安得言得乎？獨富貴當言得耳。何者？得富貴，乃去貧賤也。是則以道去貧賤如何？修身行道，仕得爵祿、富貴。得爵祿、富貴，則去貧賤矣。不以其道去貧賤如何？毒苦貧賤，起為奸盜，積聚貨財，擅相官秩，是為不以其道。七十子既不問，世之學者亦不知難。使此言意不解而文不分，是謂孔子不能吐辭也；使此言意結文又不解，是孔子相示未形悉也。弟子不問，世俗不難，何哉？

這是對「貧與賤，是人之所惡也，不以其道得之，不去也」用字的指正。

子貢問政，子曰：「足食，足兵，民信之矣。」曰：「必不得已而去，於斯三者何先？」曰：「去兵。」曰：「必不得已而去，於斯二者何先？」曰：「去食。自古皆有死，民無信不立。」信最重也。

問：使治國無食，民餓，棄禮義；禮義棄，信安所立？傳曰：「倉稟實，知禮節；衣食足，知榮辱。讓生於有餘，爭生於不足。」今言去食，信安得成？春秋之時，戰國飢餓，易子而食，析骸而炊，口飢不食，不暇顧恩義也。夫父子之恩，信矣。飢餓棄信，以子為食。孔子教子貢去食存信，如何？夫去信存食，雖不欲信，信自生矣；去食存信，雖欲為信，信不立矣。

這是以「衣食足而知榮辱」挑戰孔子的「民無信不立」。

如果你讀完〈問孔〉，就會發覺，不需要看李宗吾的「讀書三訣」，早在兩千年前，王充就已具備這樣的精神了。

你可以不同意王充的觀點，但是他治學的態度，正是值得我們知識份子學習的地方。

。隨。手。記。

分？不分？認識選系分組

到底應該「先選校」，還是「先選系」，兩派論述都有其擁護者，可是問題在於大部分人對於校系的著眼點都是在「未來出路」，而不是個人興趣。尤有甚者，便是所謂的「分數至上論」——主張選校的說，2009 年台大的一個冷門科系，分數都超越了清華交大的熱門科系；主張選系的則宣稱，很多私立學校醫科學生的分數，拿來填台大電機都綽綽有餘。雖然雙方所言都是事實，但是誰都沒辦法說服對方。

選校？選系？傻傻分不清楚

記得以前有個關於「選系」的笑話是這麼講的——

某大學為了將大一新生送進合適的科系學習，開學當天辦了一場入學測驗，測驗題目問道：「一隻豬有四條腿，如果把牠的尾巴也算作一條腿，那麼一隻豬有幾條腿？」

第一位學生回答：「四條，因為雖然題目說『將尾巴算成一條腿』，但『尾巴』就是尾巴不是腿，所以一隻豬只有四條腿。」校方認為他具有「實事求是」的精神，就把他分發到理學系。

第二位學生回答：「五條，4+1=5。」校方覺得他算數能力OK，理所當然將他送進了數學系。

第三位學生回答：「三條。」學校認為這位學生具有豐富的想像力，便將他分發到文學系。

第四位學生左思右想了老半天，最後說：「唉呀！這真是一個好問題！」他就被送進了教育系。

對一般的高中生而言，大學校系的選擇大概是他們一生中最重要的決定。因爲這不但關係著他們四年的大學生活，甚至還有可能影響到他們未來人生發展的方向。

關於大學校系的選擇，一般人最常問的就是：選校好？還是選系好？但是除非你志在推甄，而且沒有考指考的打算，要不然一般很少有人是「純選校」或是「純選系」的。基本上，大部分學生對於大學校系的選擇都可以歸納爲這四種分類：「選系又選校」、「選系先於選校」、「選校先於選系」、或者是「不管校系，能上大學就好」。

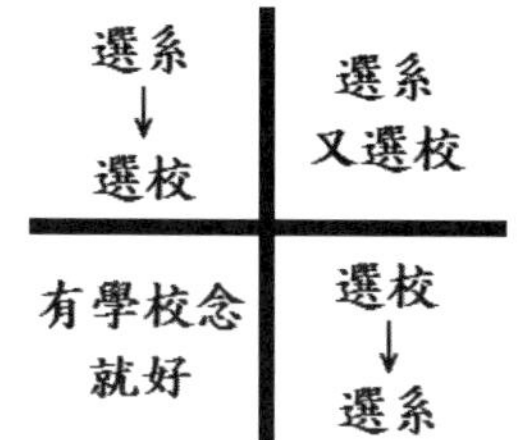

我相信如果可以的話，應該沒有人不希望自己能夠「選系又選校」，只是現實生活中，沒幾個人的考試成績能夠讓他「選什麼上什麼」。相對而言，如果有一個人是「不管什麼學校，只要有得念就好」，這篇文章對他來說也是多餘的。扣除掉這兩類，大部分人所擔心的，主要都是在校系的排序上面，是要以「校」爲先、還是以「系」爲先；或者，一所好學校的冷門科系和一所普通學校的熱門科系，順位應該怎麼排。

至於到底應該「先選校」，還是「先選系」，兩派論述都有其擁護者，可是問題在於大部分人對於校系的著眼點都是在「未來出路」，而不是個人興趣。尤有甚者，便是所謂的「分數至上論」——主張選校的說，2009 年台大的一個冷門科系，分數都超越了清華交大的熱門科系；主張選系的則宣稱，很多私立學校醫科學生的分數，拿來塡台大電機都綽綽有餘。結果雖然雙方所言都是事實，但是誰都沒辦法說服對方。

支持「選校」的人會這麼主張：

「我看得遠是因為我站在巨人的肩膀上。」名校校所獲得的視野哪是其他學校可比擬的？

實際上他們心裡想的是……

名校不過是個跳板。想辦法先擠進去，之後趁機轉入熱門科系才是「王道」嘛！

主張「選系優先」的人會跟你說：

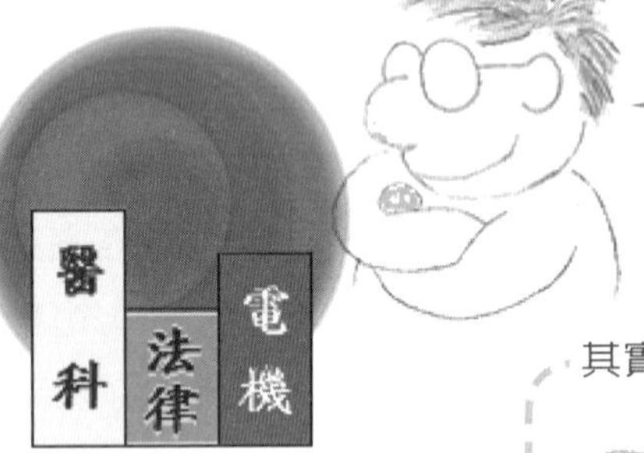

學校再好不如一技在身，當然是要以專業的科系為目標啦！

其實他們心裡是這麼想……

學校再好不如「一億」在身，當然是要以賺錢的科系為目標啦！

（當一切都是「利字當頭的時候…。」）

個人認爲，如果一個學生在選擇校系前能夠先確定他想深造的領域，或是他想念的學校，那麼他在校系的取捨上就可以省去很多麻煩。接下來，我將對高中生所使用的「性向測驗」與「興趣測驗」加以說明，希望能讓大家了解如何透過測驗工具選擇自己的方向。

✦ 性向測驗：你「能夠」學什麼

性向測驗的性質其實有點類似智力測驗，但不同之處在於，性向測驗是用來了解一位同學在不同領域的發展潛能。因此測驗內容會更爲全面，分類也會更加詳盡。以我當年參與的「高一性向測驗」爲例，測驗項目就分爲語文辭意、數學能力、語文推理、機械推理、空間關係五項。

雖然一般選課輔導資料會強調「兩項測驗的百分等級相差十五以上，才表示兩者能力具有顯著差異」，但就我的個人觀點，由於性向測驗是對個人能力的評估，只要受測當天一切正常，準確度其實可以高達八成。剩下的誤差最主要是在於性向測驗的「百分等級」並不是「絕對值」，而是在同一批測驗者當中的相對位置，就像是國中基測使用的「PR值」一樣，因此不能單純的用智力測驗的標準來衡量。當然測驗的誤差也有可能跟「和你一起參加測驗的是誰」有關，不過因爲測驗類型偏向「智力測驗」而非「學力測驗」，因此「接受測驗的是誰」應該對結果不會有太大的影響才是。

而性向測驗唯一的缺點，就是在於無法和大考中心分類的「大學十八學群」作聯結；也就是說，高中生無法從測驗結果知道什麼學群、哪些科系對他較爲合適，只能透過測驗結果大致預見未來高中課業學習的成效如何。因此要使測驗結果充分發揮它的選擇功效，還是要注意大學科系需要具備的能力有哪些。

✦ 大考中心興趣測驗：你「想要」學什麼？

之所以稱爲「興趣測驗」，顧名思義，就是希望藉由測驗結果了解一個學生未來想朝哪個領域發展，因此測驗結果多少帶有個人的主觀。而測驗所得的「百分等級」同樣也是相對值，代表和全台高中生相比，這位學生對某一領域的興趣。

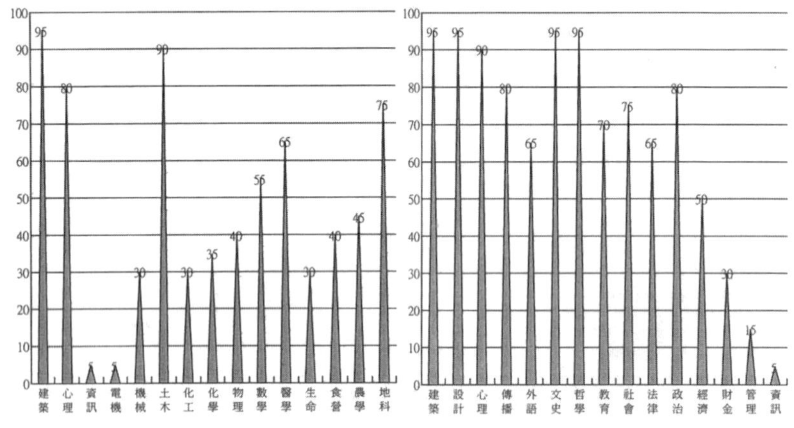

【筆者當年的大學學系探索量表報告書（左爲自然組、右爲社會組）】

興趣測驗的優點在於，由於測驗和大考中心的「十八學群」做結合，因此在取得測驗結果後，就可以得知未來適合發展的領域，同時若想對這些領域有所了解，隨處都有資料（比方說「漫步在大學」，或是《遠見》、《Cheers》雜誌每年的大學專刊）。

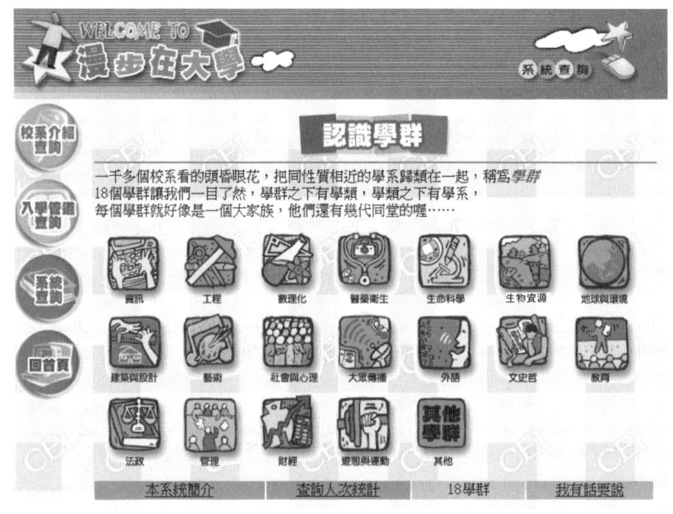

（「漫步在大學」系統，「認識學群」頁面）

而興趣測驗的缺點是，由於測驗代表的是一個人的主觀感覺，所以如果一個人對十八學群的某一領域有先入為主的偏見，測驗結果很可能就會對該領域產生誤判（只是用測驗結果來「支持」或「反對」其個人觀點）。因此測驗的準確度其實存在著很大的誤差，嚴重的話準確度甚至比丟銅板還低。

✦ 如何透過測驗工具選擇未來方向

簡而言之，性向測驗可以幫助學生了解自己在各項領域的潛能，卻無法和大學科系分類做結合以確立未來發展的方向；相對來說，興趣測驗雖然有助於判斷未來可以深造的領域，測驗結果卻存有很大的誤差。學生要如何同時利用這兩項測驗幫助自己對未來做選擇，個人抱持著幾點看法：

「性向」與「興趣」相衝突的時候，以「性向」為優先考量：就「數據的解讀」加以比較，「現實狀態」比「主觀意向」更能透過量化的結果顯現。由於「性向測驗」與「智力測驗」的性質頗為類似，基本上只要測驗當時沒有特殊狀況，測驗結果自然較主觀的「興趣」更為可靠①。

當然，這樣的選擇並不只是單純從「數據面」的角度來衡量。最關鍵的因素在於：**興趣可以有很多種，但個人的能力才是決定他的「興趣」能否有長遠發展的關鍵**。就像一個人喜歡打棒球，不見得代表他能成為大聯盟的球星一樣。

名人看「興趣」——

嚴長壽：對音樂我的起步得實在太晚，小時候家庭沒有這個環境去培養，我曾經每天花很長的時間練習，好像是要追上自己原來的不足，可是當我第一次去看辛辛那堤交響樂團演奏，還有一次是郭美貞他們做綵排，那時我知道我想像的音樂家跟現實差得非常遙遠，有某方面我的資質完全趕不上，我了解到也許我可以做一個很好的欣賞家，但不會是一個演奏家②。

村上龍：「喜歡」這兩個字很含糊。我指的倒不是意思含糊不清，而是言語中帶有的感情強弱程度不明確。有些「喜歡」的程度是有比沒有好，有些「喜歡」伴隨著強烈的感情和意志，如果被奪走或失去它的話，說不定會死。這件事是個人私事，我不好意思拿出來講。其實我並不喜歡寫小說。如果你問我：那你討厭寫小說嗎？那倒也不至於。那是很重要的事物，少了它八成會活不下去，但需要非常集中精神，所以實在稱不上是喜歡。對我而言，寫小說超出了喜歡這兩個字的範圍之外③。

九把刀：大四快畢業時，我開始寫作，重考研究所那一年，我寫了三十萬字。那刻我才發現，小時候的我不是真的想當漫畫家。愛上《原子小金剛》後，我都以他為主角畫有劇情的漫畫，同學喜歡我的漫畫，

① 至於大考選系的時候，性向測驗「相對值」的誤差就可以不必考慮。因為「大學學系探索量表報告書」的「分數」也是相對值。而且興趣測驗的結果還會受到個人「答題偏好」的影響（比方說有些人就是不喜歡勾選「非常喜歡」），不同「答題偏好」的人所得的結果，又怎能放在同一個標準下衡量呢？

② 文字出處：〈一輩子的「服務命」〉，《天下雜誌》300 期。

③ 文字出處：村上龍，〈「喜歡」這兩個字的陷阱〉，《興趣無用論》。

不是因為我的畫風，而是我創造的劇情。原來「說故事」才是我真正想做的，然而文字才是適合我的方式，漫畫不是。所以我告訴學生，人要找到適合自己說故事的方式④。

除了「想要什麼」，也要問自己「需要什麼」：有些領域可能不符合個人興趣，但是該領域的某些專業卻是未來發展不可或缺的，因此在科系選擇以至於大學課程安排的時候就要具備清楚認知：「我雖然未來不朝這個領域發展，但這個領域的相關知識我要學習。」

當然我必須要強調的一點是，「生涯規劃」不單關係到學生未來 (至少三五年) 的發展，也代表學校教育能否適當引導學生探索合適的方向，因此高中輔導系統也應該提供充分的協助。

我常在思考，我們的教育體系能不能夠接受這種思維，就是讓公民老師「不要上課」，而專注於學生的生涯規劃、輔導？這樣一來省去了授課時間，輔導系統也可以有充足的人力去照顧更多學生。

之所以會提出這樣的觀點，是因爲「生涯規劃」是高中學習很重要的一環，但是台灣的學校在這方面給予的協助很薄弱。在有限的人力下，「輔導室」所扮演的角色，除了辦座談會、升學講座、一年一度的「性向測驗」，大多處在「被動」的狀態——你不理它，它不理你。當然「生涯規劃」不是要老師「替學生做決定」，但是老師可以提供資源、引導學生如何做正確的選擇。

④ 文字出處：〈青少年最愛作家—九把刀、御我 青少年爲什麼愛讀我的書〉，《親子天下》19 期。

貧賤．大學．評鑑

相對於性向、興趣測驗可以應用於對大學科系的選擇，在臺灣，卻沒有一個像樣的選校系統可以幫助學生選擇適合的學校。

雖然在 2009 年底，「高教評鑑中心」就搞了一個「大學選校互動系統」（http://cnt.heeact.edu.tw/）。根據「高教評鑑中心」的說法，一個人只要選擇他所要的指標，再選擇各項指標所占的權重，接著加上「個人化的選校指標」篩選條件，最後就可以得到「理想學校」結果。

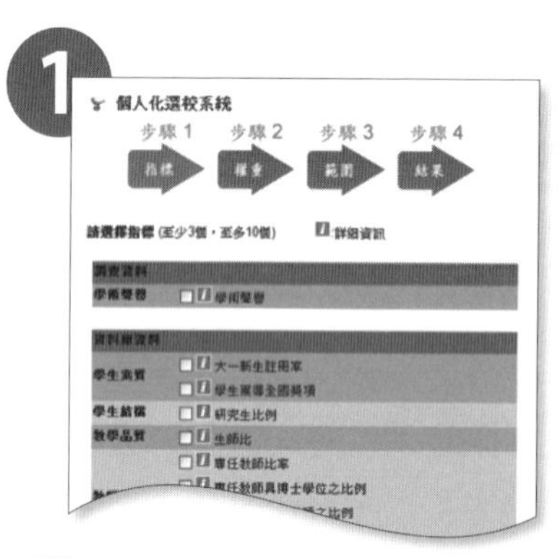

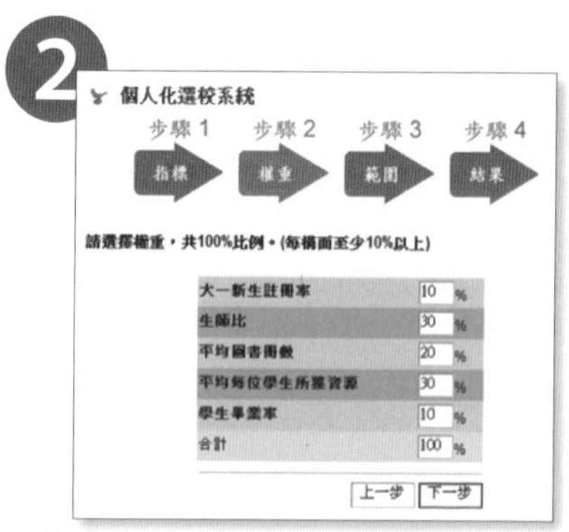

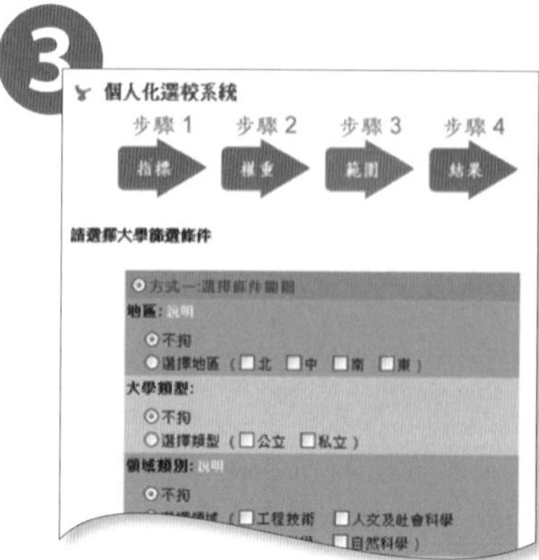

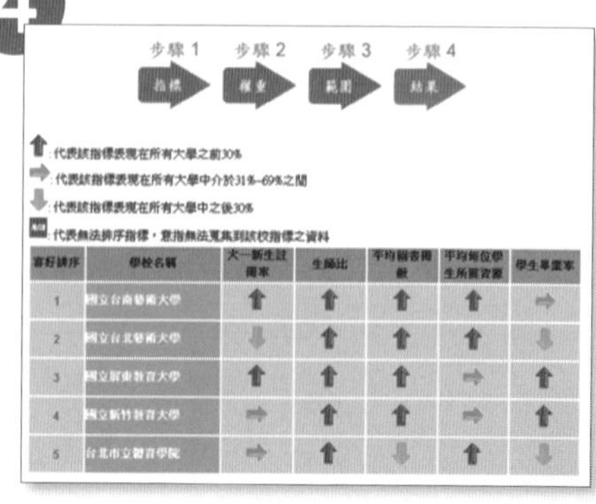

但是實際操作一次之後，我對這套評鑑系統感到非常失望。作爲一套「幫學生選擇好大學」的評鑑系統，「大學選校互動系統」的表現是不及格的。

✦ 我就是愛台大！

首先，「大學篩選條件」的「直接選校」其實是沒必要的。倘若只是想了解這些學校在特定領域的表現，僅需在「選擇條件範圍」勾選想了解的領域⑤，沒有相應領域的學校就會被自動排除。相對的，如果早已心有所屬——

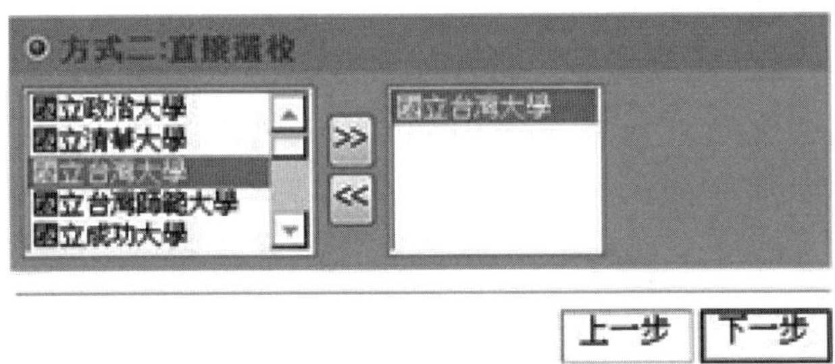

其他的「評鑑指標」並無法對個人定見產生攔阻，這套評鑑系統也就失去了任何意義。

⑤ 「大學選校互動系統」將大學學門分成人社、理、工、生醫四大領域。基本上，除了藝術大學、體育學校在這套系統下可能出現「測不準」的情形之外，所有學校都可以套用。

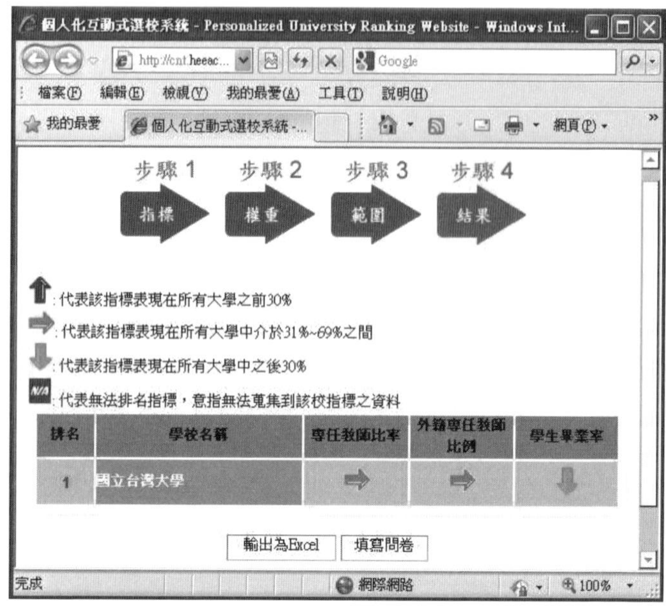

（哇哈哈哈哈 ~~ 我就是愛台大，不然你咬我呀！）

✦「百大評鑑」不等於「替學生找大學」：以 U.S.News & World Report 為例

除此之外，「大學選校互動系統」最根本的問題是，這二十四個評鑑指標給人的感覺，反倒像是用來「挑選全台百大」，而不是用來「挑選心目中的大學」。

是的，這套評鑑系統非常「貼心」的「告訴」我們：最多選十個選項就可以了。然而在我看來，重點不是選多選少，重點是評鑑系統裡面列的有很多選項根本是多餘、沒必要的！

敢講這種話當然要拿出證據，就以 U.S.News & World Report 的評鑑爲例，告訴大家「大學評鑑」是怎麼做。

在「大學選校互動系統」所附的連結，提供有 U.S.News & World Report 的「世界大學排行」，評鑑的標準是：學界互評（學術聲望）40%、老闆評價（企業評價）10%、師生比 20%、教師研究成果 20%，以及外籍教師、外籍學生比率各 5%。⑥

但是實際上，美國大學、學生眞正會關注的「全美大學排名」，是採取這些項目做評分標準——

項目	子項目	所占權重
學界互評（學術聲望）		25%
學生志願	學校錄取率	1.5%
	學生高中時期班排行	6%
	SAT（ACT）測驗成績	7.5%
教學資源	Facuty Compensation	7%
	教師取得（該領域）最高學位比率	3%
	專任教師比	1%
	師生比	1%
	19 人以下課堂比	6%
	50 人以上課堂比	2%
學生畢業&「回鍋」率	畢業率	16%
	大一新生「回鍋」率	4%
學生經費		10%
Alumni giving		5%
Graduation rate performance		5%
總計		100%

（黑框代表的是所占比率 10% 以上的項目，而虛線框則是介於 5%~10% 之間⑦）

⑥ http://www.usnews.com/articles/education/worlds-best-universities/2010/02/25/worlds-best-universities-the-methodology.html。

⑦ 資料來源：http://www.usnews.com/articles/education/best-colleges/2009/08/19/methodology-undergraduate-ranking-criteria-and-weights.html?loomia_ow=t0:s0:a41:g26:r17:c0.051730:b27243194:z0&s_cid=loomia:how-we-calculate-the-college-rankings。

當然，在這裡也要稍微解釋一下部分項目所代表的意義——

Facuty Compensation：（經過各地物價調整後的）教授待遇

大一新生「回鍋」率：Average freshman retention rate，藉以得知有多少新生讀完一年後就「跳槽」、「轉學」到別的學校去（或者因爲其他原因放棄學業等）

Alumni giving：校友捐贈率（校友捐款額度 / 校友人數）

Graduation rate performance：「預測畢業率」與實際畢業情形的差別

言歸正傳，只要將「世界大學排行」所採用的評比基準，和該項基準在「全美大學排名」所占百分比做比較，就會一目了然——

評鑑指標	權重（世界大學）	權重（全美大學）
學界互評（學術聲望）	40%	25%
企業主評估	10%	0%
師生比	20%	1%
教師研究成果	20%	0%
外籍教師比	5%	0%
外籍學生比	5%	0%

由此可知，「給學生看的」與「給大學、給社會大眾看的」應該是不同的兩套模式。也因此，同一所大學在 U.S.News & World Report 的「世界大學排行」與「全美大學排名」結果並不相同是很自然的事。以普林斯頓大學爲例，這所學校在全美大學排名第一，與哈佛大學相互競爭龍頭寶座超過 20 年，然而在 2011 年「世界大學」排行榜上，它連前五名都擠不進去⑧。

⑧ 世界大學前五名：劍橋、哈佛、MIT、耶魯、牛津。

看完了 U.S.News & World Report 的「世界大學排行」與「全美大學排名」，我們再來檢視「高教評鑑中心」的「大學選校互動系統」。首先，我先列出其中幾項需要詳細解釋的指標，讓大眾更加理解該項指標的訴求——

分類指標	分項指標	指標內容與意義
學術聲譽	學術聲譽調查	調查對象為「大學選校互動系統」所挑選的69所大學之校長、副校長、教務長、學務長、總務長、研發長、教育學院院長。共寄出422份問卷，回收316份。
學生素質	大一新生報到率	主要在於了解大一新生（不包含國際學生、僑生、轉學生、復學生）報到的實際狀況。
	三年內學生獲得全國學術獎項的數目	大學生每年參與國科會研究計畫及大專學生研究創作獎獲獎實際情況。
學生結構	研究生比率	研究生比率越高，代表學校越重視研究所教育。
畢業率	學生畢業率	在於了解大四畢業生畢業的實際狀況。「畢業率越高，代表辦學績效越好」。

（資料來源：http://cnt.heeact.edu.tw/index.asp?method=indicator3）

接下來，就是我的毒舌時間，讓我來針對這二十四項指標發表個人的一點「心得」——

✦ 學術聲譽：台大最大，台大獨大

首先要來談的是「學術聲譽」。這項指標用最白話的方式講，指的就是一所學校的「校風」。學術聲譽的調查常是各類大學評比中重要的一環。而「高教評鑑中心」的調查方式，基本上也不脫U.S.News & World Report「全美大學排名」的方法。

受訪者的「主觀」的確是影響評鑑指標的一個重要因素，然而這項指標的最大問題不在指標本身，而是在「整體大環境」。在楊照的〈台大最大，台大獨大〉這篇文章中，便道出了臺灣高教的困境⑨——

沒有最大、沒有獨大，逼著學校繃緊神經，不斷尋找可以超越別人、吸收好學生的因素，隨著時間時代變化而敏感變化。沒有最大、沒有獨大，更逼著這些學校培養特色，發展風格……。

……沒有競爭，就不會有特色，不會有風格。台大，很不幸地，就是一所沒有特色、沒有風格的大學。唯一的特色就是在臺灣最大、臺灣獨大。發展過程中，台大始終缺乏自覺的「風格壓力」，非但不會去保留自己的特色，反而一路無情無知地將特殊之處陸續刪汰。

「宅神」朱學恆也在部落格上發表了〈需要的是競爭還是補貼？〉表達他對現行高教政策持續擴大各校差距的憂慮——

五年五百億的政策只是把大部分的籌碼賭在排名第一的大學身上，讓他騎著腳踏車前進，而第一名以外的大學，就只能光著腳跑步。

用這樣的資源分配，你不用問教育專家了，去問個路邊的小童也都知道，拿三倍兩倍於別人預算的學校，表現當然會越來越強，而且根本就不用擔心後面的學校追上來，因為赤腳根本追不上腳踏車。

而且更別提在學術資源有限的台灣，有更多預算的學校還會挖角預算少的學校的教授和有辦法登上期刊的作者。⑩

⑨ 文章出處：http://tw.myblog.yahoo.com/jw!80MS29GfExsj_EuMC0JNUSkT5w--/article?mid=938&prev=946&next=935。

⑩ 文章出處：http://blogs.myoops.org/lucifer.php/2010/11/07/univer。

全台放眼望去，不是沒有學校能跟台大相抗衡：清交的理工、政大的文法商、陽明的醫科，但是這些學校的發展重心也就到此爲止。至於另一所綜合大學——成大要跟台大「平起平坐」……嗯，可能還需要一段時間。

在這種「已知」情況下，「學術聲譽」能代表的意義就很有限了。

從「台大獨大」看台灣高教發展的兩難

近年台灣的高教發展上，「台大獨大」的現象一直是個爭議性的話題，不但時常因此遭受各界批評，也有學校在串聯籌組「防『台』聯盟」，企圖藉此與台大相抗衡。

但如果從台大創校沿革來檢視這個問題，當我們將視野「拉大」、並非侷限在台灣島上的時候，「台大獨大」之所以會產生，其實是不難理解的：

首先，日本殖民時期，台大的前身「台北帝國大學」建校的時候，全日本境內「帝國大學」就已蓋了六所（五所在本土、一所在朝鮮半島）⑪，二戰結束前又加蓋了兩間（大阪、名古屋）。也就是說，縱然是「全台第一所大學」，從日本「全國」的角度來看，頂多也只能算是「九分之一」。

抗戰勝利後，台北帝大改制為「國立台灣大學」。雖然當時該校是全台唯一一所「國立大學」，然而在國民政府轄下、與台大相同等級的「國立大學」，全中國還有三十間⑫。

雖然現在兩岸分治、台灣也不受日本管轄，但不代表這些大學之間的競爭就此消失。姑且不提日本「老牌帝大」與台大的差距，前面提到中國的「三十間國立大學」，扣除掉被「解散」，或是在中共建政後

⑪ 這六所依序爲：東京帝大、京都帝大、東北帝大、九州帝大、北海道帝大、京城帝大。

⑫ 這三十所學校分別是：中央大學、政治大學、復旦大學、交通大學、同濟大學、暨南大學、北京大學、清華大學、南開大學、北洋大學、山東大學、山西大學、河南大學、浙江大學、英士大學、安徽大學、中正大學、湖南大學、武漢大學、重慶大學、四川大學、廈門大學、中山大學、廣西大學、貴州大學、雲南大學、西北大學、蘭州大學、東北大學、長春大學。

「院系調整」而取消的幾所，其他的學校，在大陸高教計畫「211 工程」當中，全部「榜上有名」（而且這些學校幾乎都有獲得「985 工程」的補助）。

所以，如果單就全國教育發展的角度來看，「台大獨大」的確是台灣高教發展失衡的重要原因。但是面對全球競爭的壓力，放眼望去，最足以和周邊各國名校抗衡的，似乎還是台大。

<table>
<tr><th>評鑑名稱</th><th>前 100 名</th><th>101~200 名</th></tr>
<tr><td rowspan="2">QS 世界大學排名</td><td>台大 (94)</td><td>清華 (196)</td></tr>
<tr><td colspan="2">亞洲進榜學校：35 所
(前 100 名：15 所)</td></tr>
<tr><td rowspan="2">上海交大世界大學排名</td><td>X</td><td>台大 (109)</td></tr>
<tr><td colspan="2">亞洲進榜學校：26 所</td></tr>
<tr><td rowspan="2">泰晤士報世界大學排名</td><td>X</td><td>清華 (107)、台大 (115)、
中山 (163)、交通 (181)</td></tr>
<tr><td colspan="2">亞洲進榜學校：27 所</td></tr>
</table>

（台灣各校 2010 年世界大學排名）

在「均值化」和「優質化」的取捨中，沒有人不希望能夠兩全其美，但在資源有限的情況下，刻意追求「平衡」的結果，可能兩邊都不滿意。「五年五百億」就是個例子。所以到底台灣高教應該「先求均衡發展」還是「先讓一個『富』起來」，是教育當局無可迴避的問題。

✦ 與「準大學生」無關的評鑑指標

接下來要講的幾項指標具有一項共通的特質，那就是：無論指標著重的方向為何，對「使用這套系統的高中生」而言卻一點意義也沒有。

研究生比率：博、碩士研究生占全校學生總人數的比率。根據「高教評鑑中心」對這項指標的定義，研究生比率越高，代表學校越重視研究所教育。或許這關係著「大學」未來定位，但是跟「大學生」（或者應該講「準大學生」）有什麼關係？如果說一所大學「研究」與「教學」兩者無法得兼，起碼這項評鑑指標忽略了「教學」的衡量方式。更何況，「重研究」就一定「輕教學」嗎？

還有，在美國有很多著名的「文理學院」⑬，是幾乎不收研究生，但是就「大學部」的排名，可是一點也不輸給長春藤盟校。如果將這項指標「應用」在這些名校上，嗯，這些文理學院統統可以消失！

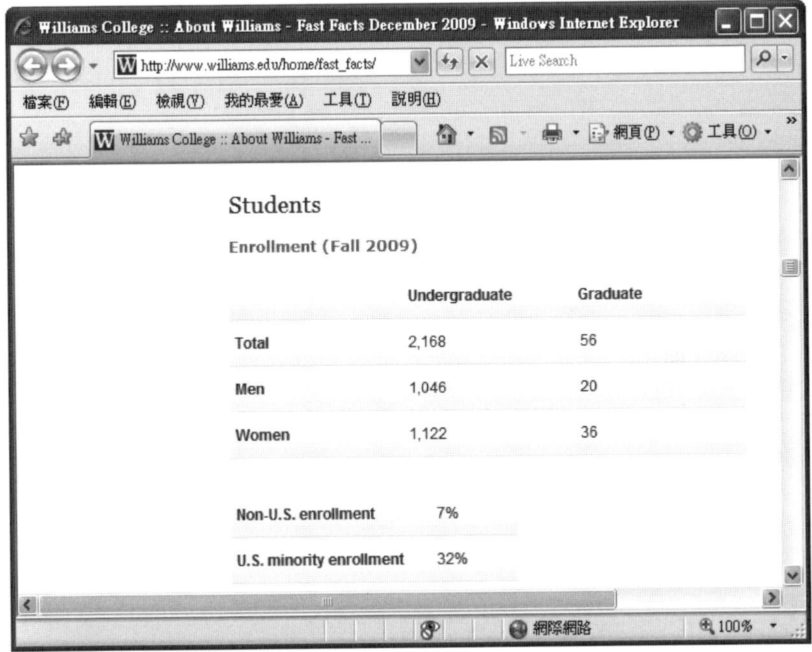

Students

Enrollment (Fall 2009)

	Undergraduate	Graduate
Total	2,168	56
Men	1,046	20
Women	1,122	36

Non-U.S. enrollment	7%
U.S. minority enrollment	32%

（美國最好的 liberal arts college 威廉斯學院：2009 年全校兩千多名學生，研究生卻不到 60 人，僅占全體 2.5%。資料來源： http://www.williams.edu/home/fast_facts/）

⑬ liberal arts colleges，如「威廉斯」、「衛斯理」。

研究成果：發表 SCI、SSCI 等論文的次數，以及論文被引用的次數。共四項指標：「平均每位專任教師發表在社會科學國際期刊之論文數」、「平均每位專任教師發表在自然科學國際期刊之論文數」、「平均每位專任教師發表在人文與藝術領域國際期刊之論文數」、「平均每位專任教師國際期刊論文被引用率」。

等一下，這些數據有沒有很眼熟？讓我們來看看上海交大「全球 500 大」排名所使用的指標——

項目	子項目	權重
教育品質	獲得諾貝爾獎和費爾茲獎的校友總和	10%
教師素質	獲得諾貝爾獎和費爾茲獎的教師總和	20%
	各學科領域被引用次數最高的科學家數量	20%
研究成果	在《Nature》和《Science》上發表論文的總和	20%
	被 SCI 和 SSCI 收錄的論文數量	20%
教師表現	平均每位教師在上述五項指標的得分	10%
總計		100%

看到這裡我只有一個感想：奇怪，我是在看上海交大「全球 500 大」的報告嗎？

同樣的，「研究經費」那六項指標：「國科會研究計劃經費總金額」、「獲得國科會自然科學研究經費」、「獲得國科會社會科學與人文領域研究經費」、「專任教師獲得國科會研究計劃平均件數」、「專任教師獲得國科會自然科學領域研究計劃平均件數」、「專任教師獲得國科會社會科學與人文領域計研究劃平均件數」也是一樣。對研究生而言或許很重要，但是對升大學的高中生而言一點意義也沒有！

外籍學生比率：與「研究成果」的四項指標有著相同的問題（或者說是「困境」、「侷限」），就是在「國際頂尖大學評比」上，這可能是一項重要的指標，不過對國內升大學學生而言，這項指標不見得是需要考量的方向。

另外，「外籍學生」的定義到底是什麼，在教育部大專校院國際學生人數統計頁面⑭，就可以看到外籍生可細分成「來語言中心修課的」、「交換學生」、僑生、與外籍生四種，眞正在大學念學位的只有後兩種，甚至更嚴格區隔，只有最後一種才算是眞正的「外籍生」⑮。這點還希望高教評鑑中心加以說明、定義。

✦ 只有國科會的研究計畫叫「比賽」？

三年內學生獲得全國學術獎項的數目：主要在於了解大學部學生參與國科會每年專題研究計畫及大專學生研究創作獎獲獎實際情況。根據「評鑑指標」，「學生獲獎的人數愈多，代表辦學成效愈好」。這就是「教育」我們：只有國科會「認可」的比賽才叫比賽，只有做研究才是王道！所以電機系的不用去競爭什麼 ACM，商學院的也不必參加什麼 L'Oreal、Google 的商業競賽，法律系也不必去辯論什麼「WTO 盃」，因爲這些比賽太「國際」了，會偏離學術的專業！

✦ 歐美用，臺灣就要用？

有些適合歐美的指標，引進臺灣就應審愼評估，比方說美國大學對畢業率的重視，背後可能代表全校學生整體之社

⑭ http://www.edu.tw/files/site_content/b0013/97_ab97.xls。

⑮ 僑生畢竟還有與本地生相似的家庭文化背景，然而經過這樣刪減的結果，外籍生數量就「少得可憐」，如果還要再細分「大學部」與「研究生」，這項指標的價值也不知爲何了。

經地位（講白一點，表示學生「有沒有能力念完大學」[16]），所以名校畢業率都高達九成。而在歐陸地區大學則是「進去容易出來難」，藉由提升畢業難度以突顯學校素質。臺灣對畢業率的「要求」看似不是學歐陸，然而若要得到像美國一般的結果，只靠畢業率來判斷是否足夠[17]？

✦ 可用的評鑑指標還剩下……

最後，這些評鑑指標眞正能看的，也就這麼幾項了——

圖書儀器資源：最沒有問題的指標。

大一新生註冊率：坦白說來，如果不是因爲「少子化」、「大學招不到學生」，這項指標其實也沒多大的必要性。

師生比：指標參考價值僅次於「圖書儀器資源」，但部分院系師生比過高的情形無法在指標中反映出來。U.S.News & World Report 的解決方式是再加採「19 人以下課堂比」與「50 人以上課堂比」，高教評鑑中心呢？

財務支援：同樣也面臨「不同院系不同待遇」的問題。所以除了「平均每位學生單位成本」外，高教中心也應設法將此一問題納入考量。

專任教師比：具有一定參考價值，然而要配合「師生比」來看才有其意義。

專任教師具有博士學位比率：同樣具有一定參考價值，不過很容易陷入「文憑主義」的窠臼，所以 U.S.News & World Report 的評鑑方式會改用教師取得「該領域」最高學位比率來衡量。

⑯ 相關報導：〈美國大學生畢業率低 平均僅 53%〉，http://www.epochtimes.com/b5/9/6/5/n2548544.htm。

⑰ 在臺灣，最「準確」的方法，或許是查「申請學貸」比率，但這種凸顯階級的方式，不會是社會大衆所企盼，也違背了指標的本意。

外籍教師比率：人數是一回事，教什麼科目又是另一回事。「教外文的」跟「教專業科目的」外籍教師不都是「外籍教師」嗎？

✦ 總評：誰的「大學選校互動系統」？

要解讀一份評鑑結果，就必須要先知道這份評鑑的目的是什麼。以各國推出的大學評鑑爲例，「上海交大」看重的是學校的研究成果與研究能力，泰晤士報與 QS 強調的則爲學校在國際的地位；而同樣是美國大學評鑑，U.S.News & World Report 的「全美大學排名」是以學生的大學學習爲主要考量，「富比士」則用「金錢」、「投資報酬率」做爲量化指標。

如果從高教評鑑中心對評鑑系統的定位來看，「大學選校互動系統」所要服務的對象應該是準備升大學的高中生，然而另一方面爲了達到它所標榜的「評鑑指標讓人自由決定」，「大學選校互動系統」不管三七二十一，幾乎是將各種大學評鑑系統用來衡量大學的指標全部套用，結果使得這套系統變成了一個大雜燴：一來完全看不出它所要服務的對象是高中生、研究生還是社會人士，二來反而讓眞正想要透過選校系統選擇大學的高中生無所適從、不知道哪些指標才是他們所需要的，最後與高教評鑑中心的「目標」全然脫節。

所以，倘若高教評鑑中心要使「大學選校互動系統」有所改善，首先就要對評鑑系統的目標做明確定位。如果是要做爲一套給高中生使用的評鑑系統，就應該將高中生用不到的評鑑指標去除。相對來講，如果希望這份評鑑系統「全民適用」，就應該事先將高中生、研究生、社會大眾作區隔，針對不同對象找出適合的指標，而不是將二十四個指標全數攤開，讓大家不知如何選擇。

分？不分？——認識大學不分系

近年來，多所大學都有所謂「不分系」的設立，其中像交大的電資學士班，大考分數就一直是全國二類組前幾名，而政大傳播學士學位學程也曾一度榮登全國文組前十的寶座。此外，連續十幾年進行的「臺灣一千大企業人才策略與最愛大學生調查」，由於2007年開始增加「融會貫通能力」指標，使得成大連霸的紀錄中止，改由台大奪冠。看樣子「不分系」儼然成為未來的趨勢。

但藏在一片「光明」背後的真相究竟為何？大家對不分系的了解到底又有多少？是「充分掌握」，還是「霧煞煞」、人云亦云、大家說好就是好？這些東西不應該是關著門、只能在各校網頁看到的資訊，而是應該要攤在陽光下、可由公眾來檢視評斷的。以下將列出主要學校不分系的重點介紹，做為供大眾參考的資訊。

是「整合」？還是「分流」？

✦ 交大電資：「回籠」的代表

此處最先要探討的，就是二類組的熱門科系「交大電資學士班」：

<table>
<tr><th colspan="3">交大</th><th colspan="3">台大</th></tr>
<tr><th>學院</th><th>大學部</th><th>研究所</th><th>學院</th><th>大學部</th><th>研究所</th></tr>
<tr><td rowspan="5">電機學院</td><td colspan="2">電控（電機）</td><td rowspan="10">電資學院</td><td rowspan="5">電機</td><td></td></tr>
<tr><td colspan="2">光電</td><td>光電</td></tr>
<tr><td colspan="2">電信</td><td>電信</td></tr>
<tr><td colspan="2">電子</td><td>電子</td></tr>
<tr><td></td><td>顯示科技</td><td rowspan="2">生醫電資</td></tr>
<tr><td rowspan="5">資訊學院</td><td></td><td>生醫</td><td rowspan="5">資工</td></tr>
<tr><td>資工組</td><td rowspan="2">資工</td><td rowspan="2"></td></tr>
<tr><td>資電組</td></tr>
<tr><td rowspan="2">網路多媒體組</td><td>網路</td><td rowspan="2">網路多媒體</td></tr>
<tr><td>多媒體</td></tr>
</table>

我我們將近期新設的「交大電資學士班」從中移除，再看台大、交大兩校電資領域教學比較（如上表），可以看出，在台大電資學院研究所才分流的領域，交大在大學部就分開了。刻意在大學部如此細分各系領域，其「專業導向」的用意非常明顯：專門培養電機領域相關人才。而這段發展過程，在電機學院與工學院的院史網頁都有詳細介紹，電機學院的網頁是這樣介紹的：

民國四十六年，政府以電子科學在近代科學中發展至速，應用至廣，對國防、工業、交通等建設關係重要，而本校以往辦理電機工程教育成績卓著，遂核准於民國四十七年先行在台設立電子研究所，培育高級電子科學人才、開發電子科技。五十三年，恢復大學本科，初設電子物理、電子工程兩學系。五十六年，成立工學院並陸續增設系所。民國八十三年，將原本分別屬於工學院與理學院的電工系所、電信系所、資工系所、資科系所、電控系所與光電所合併，成為「電機資訊學院」。

在工學院的院史網頁，則更是完整的記錄了交大電資相關系所設置的時間表。我們就從工學院創設到電資學院「分家」這段期間的院系設置：

年份（民國）	新增系所	年份	新增系所	年份	新增系所
47年	電子研究所	61年	應數	69年	資科
			資工		光電研究所
53年	電物	62年	運輸管理	70年	控制研究所
	電工				
54年	控工	63年	資工研究所	75年	資科研究所
55年	電信	65年	機械 & 機械研究所	78年	材料 & 材料研究所
60年	管科	68年	電信研究所	79年	環工研究所
83年	電資學院「獨立」				

（■為電資領域相關系所）

由這些資料，我們赫然發現：交大工學院在台復校時最先設的系所不是別的，正是電機等相關系所啊！上述所見之科系「分流」，並不是到後來才出現的，早於交大在台復校的時候，政府就有這樣的計畫了。當時電資學院尚未成立、甚至距科學園區創辦都還有幾十年呢！

所以，「交大電資學士班」所做的與其說是「同領域的整合」，不如說將以往過於「專業」的系所設置調回「正常的樣貌」而已，扣除「在國外當交換學生」的機會，交大電資學士班只不過是回歸到普通大學電機系之修業方式罷了。

✦ 政大傳播：另類全校不分系？

看到交大電資，接下來會連想到的就是政大傳播：同樣都是前十志願，發展歷程亦極為相似，皆由所屬學院專業系所組合而成。但政大傳播的課程安排方式卻和交大電資大為不同。

雖然大一同樣為不分系，但日後是由各系所開的八個學程取代院內三個系作為分流方式，每位同學至少修一個學程。而扣除系上的必修，剩下課程皆由學生自由選修的情形下，其實已幾近「全校不分系」的修業情形。

✦ 政大歐語：分流的開端

相對於其他不分系為專業學系的「回流」，政大兩年前新設的「歐洲語文學程」展現的可能是不分系的另一面——作為分流的開端。

政大的外文教學始於民國四十五年設立之東語系與西語系，而成立之時便已做出不同語文專業之分組，嗣後出現的組別亦皆為「新設」而非「既有之獨立」。同樣的，歐洲語文學程的設立亦非外語學院既有之專業學系整合，而是新設了三個新的領域：法文、德文與西班牙文。

除此之外，從政大歐語學程網站可以得知，除了主修語文外，其餘爲相同之課程，另必修「英文榮譽學程」。有點類似台大外文英文必修，再從法德西等語言擇一選出第二外語之情形。但需要注意的是，「歐洲語文學程」並非「全系一併招生」，而是分成法文、德文與西班牙文三個組招生，也就是說，入學的學生（除非轉組）並無一般不分系入學後再選擇的「權利」，而是在推甄、指考選填志願時就必須做出決定。

因此，我們可以將「台大外文」和「政大歐語」的課程修習方式做如下比較：

台大外文先修習英文等共同必修，再選擇自己的語文專業。

政大歐語先選擇語文專業，再加上英文必修與共同課程。

2 理學院學士班

不像社會科學學科與學科之間有模糊地帶的存在，基本上，理學院的學習領域可說是「涇渭分明」，扣掉大一的必修，各系日後幾乎是「老死不相往來」。也就是說，如果是「自由學習」，很可能「無所專長」，更遑論「跨領域」的能力了（不是「一樣通樣樣通」，反爲「樣樣通樣樣鬆」）。但若僅爲大一不分系的話，其實和其他學校大一「院共同必修」沒甚麼兩樣，反而失去了不分系原有的意義。

接下來即針對各校的理學院學士班做相關介紹，希望能使大眾對各校理學院的規劃有所認知，進而做出最合適的抉擇。

✦ 清大、交大：心臟夠強再進來

與其說清華、交大是「理學院不分系」，不若說他們是「理學院的雙修生」。關於通盤課程設計，清大的整體規劃是——

大一為統一先修課程（物理、化學、微積分等）。大二進入數學、物理、化學三學程之一的核心課程，已奠定紮實的理學背景。大三根據性向及志趣雙主修理學院其他學程，或其他學院學系學程。大四為進階課程或跨院學程。

交大則是如此安排——

指考入學：主修電子物理學系，學生進入本班後，其學籍歸在電子物理學系並加註「雙學位：科學學士學位學程」。滿足修課規定者，可獲電子物理學系及科學學士學位學程雙學位。

甄選入學、繁星計畫：主修應用數學系或應用化學系，學生進入本班後，其學籍歸在應用數學系或應用化學系並加註「雙學位：科學學士學位學程」。滿足修課規定者，可獲應用數學系或應用化學系及科學學士學位學程雙學位。

此外，每年於暑假結束前，交大會甄選新學年度校內之大一及大二學生加入，經由此管道加入之學生，學籍仍保留在原學系並加註「雙學位：科學學士學位學程」。惟招生對象仍僅限理學院各系（電物系、應化系、應數系）大一新生。

綜合上述資料，大致可以得到以下結論——

清大理學：大一不分系外加校內雙修
交大理學：指定科系外加院內雙修

基本上，修讀雙學位不是件輕鬆的事，不管是歧異度甚大的院內必修、或者是不同領域的校內必修。除非你僅修讀必修科目，否則如果心臟不強，建議還是不要輕易嘗試。⑱

✦中央、中山、淡江：共同必修、各自發展

至於中央、中山、淡江，在課程的安排上就是採「大一不分系、大二選系」的方式，在理學院系所修讀領域各自獨立的情況下，這種「延後分流」的方式殊難達到「讓學生認清性向」的效果，因爲對物理、化學或是數學領域何者感興趣，其實早在入學前（也可能是在入學考試時的成績）就已經定型了，因此這種不分系充其量只是大一「院共同必修」的延伸。剩下來能否有所突破，端看各校是如何安排了。

⑱ 雖然清大對「雙主修」與「雙專長學位學程」的差異做了一番介紹（http://science.nthu.edu.tw/dmm/Degree/Degree.php），但是對於「核心課程」、「專門系必修」與「雙修學分」的區別仍嫌模糊。照理而言應該對這三個名詞加以詳細定義，而不是只說一個二十學分以上、一個約三十學分，而「另一個」大概四十學分。

中央大學的特色有兩個：

1. 每位導師帶領兩到三位學生指導各專業內涵（導師面對的學生少，可以有較充分的照顧）。
2. 選定專業領域後系上會安排指導教授做專題研究，並安排選修課程認定。

中山大學：學生每學期從普物、普化、普生、線代、微積分五科中任選三科分數較高的科目，一學年共計六科，求其平均分數，再依分數與志願序做分發。

但是中山大學的做法會碰到的問題是：

1. 單科學習表現突出但其他科普通（甚或不佳）的學生，很可能無法依照其性向選擇志願。
2. 學校理學院僅分成四個學習領域（五門課），學生就必須參看至少三個不同領域的成績做爲分發依據，顯然有些欠當。

淡江則是在大一課程結束後，再依學生意願就讀理學院各系，簡言之就是「大一必修的延伸」。

以上就是各校理學院的簡單介紹。

這叫全校不分系嗎？

✦ 成大學士不分系：「另類」前幾志願

「成大不分系學士班」為全國第一個全校不分系的選擇，可說是一大創舉。但是似乎不像交大電機與政大傳播般衝到前幾志願，甚至連成大校內部分系所的錄取分數都比它高。

根據聯分會的資料，成大「理組熱門科系」的錄取分數排序為⑲：

	科系	原始總分	備註
1	醫學	510.71	採計六科
2	電機	367.76	
3	物理（光電組）	432.51	數甲與物理*1.5
4	學士班	359.55	
5	光電	352.56	
6	物理（物理組）	418.93	數甲與物理*1.5
7	材料	348.36	
8	建築	394.99	國文、數學、物理*1.25

（2009年成大熱門科系最低錄取標準）

	科系	原始總分	備註
1	醫學	497.56	採計六科
2	電機	364.85	
3	學士班	361.56	
4	物理（光電組）	433.17	數甲與物理*1.5
5	光電	354.75	
6	材料	351.61	
7	物理（物理組）	414.83	數甲與物理*1.5
8	資工	344.74	

（2010年成大熱門科系最低錄取標準）

由以上資料可得知，成大不分系學士班雖然沒有比大部分「理組熱門科系」來的低分，但是面對最熱門的醫學、電機系，分數還是有一段落差。再加上採計科目不同的法律

⑲ 「成大學士班」上方為該校較其高分之學系（部分排序為依原始分數推估後之結果）。其他科系如機械、化工等，因分數較低，所以不列入考量。

系，就分數面來看招收進來的學生似乎不是爲了追求「不分系的時髦」而來，是眞的有需求才來就讀的。

然而根據成大 99 學年度各學系轉系條件一覽表⑳，醫學系、醫檢系是不招收轉系生的；醫檢系倒也還好，醫學系不接受轉系生可就「很殺」了，因爲醫學系是成大錄取門檻最高的系。也就是說，少了醫學系作爲「誘因」，成大不分系的分數落點其實是「合理」的。之所以低分，簡單來說，是成大整體分數就落在台清交之後嘛！

所以根據上面的資料，既然成大學士班是個「另類」的前幾志願，是否代表考生「擠破頭」進去後，未來的四年就可以「輕鬆愉快」？

不見得。

因爲爲了遏止「只要熱門科系，對成績毫無要求」的這種現象，成大學士班選系分發要點㉑做了如此「安排」：首先「不分系學生應於第二學年開始前辦理選系分發，分發應符合各學系轉系學業成績標準」。其次，「分發原則以學生第一學年平均成績較高者優先分發」、「選系分發名額列入本校當年度轉系名額內計算」。也就是說，大一進去的還得「皮繃緊」。

就善意的出發點來考量，如果只一味追求「時髦」，學習很可能會「味同嚼蠟」，無法得到較好的成果。只有選擇自己所愛、自己所擅長，才容易有比較突出的表現，講白一點，也就是朝著個人專長發展，才有拿到好成績的機會。

⑳ http://www.ncku.edu.tw/~register/chinese/94year/95turn.doc。
㉑ http://www.ncku.edu.tw/~recruit/chinese/index0/DATA/960730.htm。

不過相對的，分發原則以學生第一學年平均成績較高者優先分發，很可能使「只求好成績」的學生大為增加。雖然說選擇自己所長才能得到較好結果，但也不排除學生利用「較涼的課」來達成其目標，而失去不分系原有意義。

面對上述的挑戰，除了「一對一導師制度」外，成大「因應」的對策是：第一學年學雜費及住宿費全免，自第二學年起，成績優異者依規定辦法得全免當學期學雜費及住宿費（保留入學資格、休學復學者除外）㉒，另外還會依照學生專業分類給發獎學金。

當然，成大不分系的分發方式還有一個隱憂，有人就質疑，在高分學生優先分發的情況下，是否會出現有人「選不到系」，只能待在不分系裡頭？可能還有待成大校方加以說明。

至於成大不分系會產生何種結果，我們拭目以待。

✦ 清大：這叫大一不分系嗎？

大多數明星院校縱然打著「不分系」的招牌，行的卻是「新瓶裝舊酒」、「特殊目的」之實，清華大學的「大一不分系」也不脫這種類型。

如果點進清大的官網㉓，就會發覺它並沒有一個「全校不分系」的招生網頁，也找不到它的專責機構。而如果連結到聯分會與大學甄選委員會，還會發覺它從未在指考招收學生，就連推甄也是 2009 年才有的事。

重點來了，它的學生到底是怎麼「生」出來的？

㉒ http://www.ncku.edu.tw/~elite/feature.html。
㉓ http://www.nthu.edu.tw/content_education_gary.php。

找了很久，終於讓我在清大96學年度校務報告，找到清大不分系的招生規劃㉔：

推動招生多元、院系並行招生：規劃改進運動績優生招生方式，並於98 學年度以「甄選入學」方式招收音樂績優生；延後分流增加學生選系彈性，增加學院招生比例，98 學年度全校各學院均有院招生。

看到這裡，我們才恍然大悟，原來所謂「大一不分系招收體育績優生」不過是將「體保生」由過去「各系提供名額」轉變爲「由學校負責」罷了！

看完了清大對「大一不分系」的規劃，我們再看2010年甄選條件又是如何「要求」的㉕：

<table>
<tr><td rowspan="2">指定項目內容</td><td>審查資料</td><td>項目：在校成績證明、自傳、社團參與、音樂競賽成果、其他有利審查之資料。
說明：自傳內容500字左右。需另附已學習過之曲目以及第二階段甄試曲目。競賽成果以個人組為主。團體組競賽成果請勿寄送。</td></tr>
<tr><td>甄試說明</td><td>現場演奏自選曲一首，或單一樂章。一律背譜演奏，除獨奏曲（solo）及打擊樂器外皆須自備伴奏。樂器專長以木管（長笛、單簧管、雙簧管、低音管），銅管（小號、法國號、長號、上低音號、低音號），弦樂（小提琴、中提琴、大提琴，低音提琴），擊樂（鼓類樂器、木琴、鐵琴）。未列名之樂器不招收新生。依總成績分數高低順序錄取。</td></tr>
<tr><td colspan="2">備註</td><td>1. 擬招收具樂器專長之學生以成立管絃樂團為目標，並參與校內外表演及競賽。
2. 本管道入學學生大一不分系，大二依其志願選擇學系就讀。
3. 第二階段甄試需攜學測准考證，未攜帶學測准考證之學生不得參加甄試。
4. 擊樂項目須自備樂器。
5. 聯絡電話：03-5162013 林老師。</td></tr>
</table>

㉔ http://secretary.et.nthu.edu.tw/userfile/file/old_meeting/meeting1/971104_2.pdf。

㉕ 資料來源：http://www.caac.ccu.edu.tw/caac99/ColgQry/html/99_01123.htm。

原來它的招生還有「限樂器」，而且有一個明確的目標：「成立管絃樂團」？

當然如果清大「大一不分系」往後招生方式都是如此也罷，怕就怕在萬一「大一不分系」真的是清大「缺什麼就招什麼」的管道，這幾年是「音樂班」，幾年後會不會變成「美術班」、「舞蹈班」？

這叫「大一不分系」嗎？

參。考。資。料

臺灣大學學術單位頁面
（http://www.ntu.edu.tw/chinese2008/academics/academics.html）
交大工學院（http://coe.nctu.edu.tw/intro2.html）
政大傳播（http://www.ccudp.nccu.edu.tw/story.htm）
政大歐洲語文學程
（http://units.nccu.edu.tw/server/publichtmut/html/w509/cw509.html）
清華大學理學院學士學位學程
（http://science.nthu.edu.tw/dmm/Introduction/Introduction.php）
交通大學理學院科學學士學位學程
（http://www.isdp.nctu.edu.tw/）
中央大學理學院學士班
（http://www.ncu.edu.tw/~ncu5000/web/09.htm）
中山大學理學院大一不分系
（http://www2.nsysu.edu.tw/CS/index2.htm）
99 學年度大學考試入學分發招生簡章
（http://www.uac.edu.tw/99data/99recruit.pdf）
成大學士學位學程（http://www.ncku.edu.tw/~elite/）
成大學士班選系分發要點
（http://www.ncku.edu.tw/~recruit/chinese/index0/DATA/960730.htm）
97 年推甄簡章：http://www.caac.ccu.edu.tw/caac97/query.php
97 年指考簡章：http://www.uac.edu.tw/97data/97recruit.pdf
【清大在簡章第 55~57 頁（pdf 第 61~63 頁）】
98 年指考簡章：http://www.uac.edu.tw/97data/97recruit.pdf
【清大在簡章第 56~58 頁（pdf 第 62~64 頁）】
〈不分系招生成趨勢 多校推出〉，《聯合報》，2009/03/03：http://mag.udn.com/mag/campus/storypage.jsp?f_MAIN_ID=12&f_SUB_ID=21&f_ART_ID=181703

分？不分？——高中分組怎麼回事

除了大學選系，「高中分組」也是升學議題當中重要的一個環節。

2009 年年底洪蘭教授批評台大醫學院學生上通識課「吃泡麵、啃雞腿」後，臺灣學生的學習問題在社會上引起了一陣迴響。大部分教授學者都將這類現象歸因於學校的教學過早「專門化」，除了「大學分科」的問題再度被人討論以外，台大主秘廖咸浩更直指臺灣學生如此的學習態度，與高中太早「分流」有關。關於「高中不分組」的呼聲也一直都沒斷過。

現行課程對「高中分組」如何規定？還有，「高中不分組」的可行性如何？關於這些問題，我們得先從「高中分組」的歷史開始談起。

✦ 高中分組：「考試引導教學」的過去？

首先，我國的教育制度中，從來沒有一個政策是叫「高中分組」的，「分組」是大學招生的一種分類。在聯招之前，像台大就是「不分組招生」，一直到聯招開辦才出現「甲乙丙三組」的招生方式。在「考試引導教學」的情形下，高中的課程安排也就產生了一定程度的「彈性」。雖然主事者早在 1957 年 4 月就通令各中學禁止文理分組[26]，除此之外，一年後教育當局還「更進一步」，除了將大專聯考「不分組」以外，還規定全國大學一律「不分系」招生。

但是政策施行的結果，「高中分組」的情形依然沒獲得

㉖ 相關報導：〈教廳通令中學 不再文理分組〉，《聯合報》，1957/04/19。

改善，反倒是「不分組考試」，在學生叫苦連天的情況下，只實施一屆就被廢除了。

其實要了解「分組考試」的困境所在，只需釐清一個問題，那就是「何以『大學分組招生』會導致『高中分組教學』的出現」。結果搞了半天我們才發覺，原來問題的癥結根本沒有想像中那麼複雜：之所以會出現「分組教學」，完全是因爲當時聯招不能「跨組考試」的緣故嘛！

綜上所述，要解決「分組考試」的問題（包括各組人數差距過於懸殊）、打破分組教學，只要教育當局一紙命令下來，讓學生可以有跨考的機會就可以了。可是教育當局直到 1965 年決定改變聯招招生方式的時候，都沒有任何動作——主事者只想著如何解決各組應考人數差距的問題，最後將醫科從甲組分配到丙組，文組（乙組）拆成乙、丁兩組。

至於「跨組考試」的方案，則要到 1980 年代才得以付諸實施。1981 年教育部開始進行大考改革方案的研究，1983 年決議「將大考分成『一、二、三、四』四個類組招生，考生可跨組報名」，眞正落實已經是 1984 年的事了。而高中分組早已「就地合法」了十幾年——

✦ 高中分組「合法化」：談課程綱要修訂的虛偽

那麼高中分組的「就地合法」又是怎麼回事呢？原來 1965 年教育當局「在分組人數上動手腳」的方式根本無法防止高中分組的進行，所以到了 1971 年 2 月，教育部乾脆將高中分組「就地合法」，把高中課程綱要分成「文組版本」及「理組版本」㉗：

㉗ 參考資料：《第四次中華民國教育年鑑》，第五編第一章。

科目 年級		國文	英文	歷史	地理	數學	物理	化學	生物	公民	三民主義
文組	高一	12	12	4	4	8			6	4	
	高二	14	14	4	4	8		6		4	
	高三	14	14	4	4	8	6				4
理組	高一	12	12	4	4	8			6	4	
	高二	10	10	4	4	12		12		4	
	高三	10	10			12	12				4

從 1971 年高中課程綱要公布起，這三、四次的高中課綱修訂都反映著主事者虛僞的心態——他們既無力阻止高中分組的運作，又要維持所有科目皆未偏廢的「假象」，到了「民國 84 年版」的高中課綱[28]可說是更爲變本加厲：

	年級 學期 節數 科目			一年級 第一學期	一年級 第二學期	二年級 第一學期		二年級 第二學期		備註
必修科目	社會學科	三民主義		2	2					
		歷史		3	2					
		地理		2	3					
		世界文化	歷史			2	4	2	4	學生應在上述科目中每週修習四節。
			地理			2		2		
		現代社會				2		2		
	自然學科	基礎物理		2	(2)					
		基礎化學		(2)	2					
		基礎生物		2	(2)					
		基礎地球科學		(2)	2					
		物質科學	物理			3	2–3	3	2–3	學生應在上述科目中每週修習至少二節。
			化學			3		3		
			地球科學			2		2		
		生命科學				2		2		

㉘ 這份課綱雖名爲「84 課綱」，然而首屆實施對象卻爲第一次參加「指考」的學生。由此可知，這份課綱是爲新政策「量身訂作」的。

從「民國 84 年版」的高中課綱就可以看出幾個現象：

1. 在高一的時候，物理化學的修讀時間是史地的一半都不到。

2. 上了高二，社會學科要從歷史、地理、現代社會三科中每學期修讀四學分，然而在每門課都是兩個學分的情況下，有一科勢必要被「犧牲」掉（「正常情況」下，「那門課」指考是不考的）。

3. 物理、化學、生物、地科這四科當中，教育部的安排是「每週修習至少兩節」，也就是說，讀一門還是讀三～四門，由各校自行決定。於是乎，高二的「文理分組」將學生分成了兩類：一類專攻文組（史地），另一類則是在既有的文組科目上，再「加修」理化等科目。

至於高三的課程規劃，扣除掉每學期國文、英文各 4 學分，以及必修的公民、體育、軍訓，剩下的學分則是如此「安排」：

科目 節數 學期	選修科目								
	語文	社會學科	數學	自然學科	體育	家政	生活科技	藝術	職業陶冶
第一學期	15~20								
第二學期	15~20								

但是在「聯考在即」的情況下，你認為「每學期 15~20 個選修學分」會安排在什麼科目上？

這就是我們選課的「彈性」！在這樣「彈性」的課程規劃下，有一類人很明顯的就因此被「犧牲」了，那就是「想讀理科，但沒興趣（或沒能力）修習文科的學生」。

更糟的是，當學測推甄成爲重要升學管道的時候，原本只對「沒能力多修文科的理組學生」不利的高中課綱，隨著學測推甄連帶波及到了文組的學生。

從 2002 年大學學測到現在，你有聽說過幾個文組「考 75 級分」的學生來著？

✦ 99 課綱能改變什麼？

而「據說」99 課綱的設計，就是爲了給自然科修課不多的文組學生做「補強」用的：

	科目＼節數＼學期＼年級		一年級 第一學期	一年級 第二學期	二年級 第一學期	二年級 第二學期	備註
必修科目	社會學科	歷史	2	2	2	2	社會領域歷史、地理、公民與社會等三科，**學校得採取每學期四學分的排課方式**
		地理	2	2	2	2	
		公民與社會	2	2	2	2	
	自然學科	基礎物理	4	4	4	4	自然領域涵括基礎物理、基礎化學、基礎生物、基礎地球科學等四科，**每一科目至少修習 2 學分**。
		基礎化學					
		基礎生物					
		基礎地球科學					

當然這種「據說」，想也知道就是「隨便說說」。因爲如果按照 99 課綱的設計「自然領域每一科目至少修習兩學分」，也就是擺明了「有些科目可以只修兩學分」，與 84 課綱唯一的差異就是，高二的自然領域必修從「最低兩學分」變成「限定四學分」。

對文組生而言，只要高二不碰物理、化學，課綱差異其實不大（只是生物、地科從「擇一」變成「兩個都要修」而已）。但對理組生（尤其是三類組的學生）而言，一學期四學分的必修是很「吃緊」、「根本不夠用」的（所以想也知道，高二理組的「學科選修」使用在哪些課程上）。

除此之外，高二的「社會領域」課程與84課綱相較，幾乎沒什麼變動，唯一的不同就是公民科從必修變成了選修。在每學期排課四學分的限制下，勢必和史地形成「三搶二」的局面。所以「公民老師」爲何大聲呼籲將「公民」列入考科，也就可想而知了。

科目 ／ 節數 ／ 學期 ／ 年級		一年級		二年級		三年級	
		第一學期	第二學期	第一學期	第二學期	第一學期	第二學期
選修科目	語文類	0~2	0~2	0~3	0~3	0~19	0~19
	數學類						
	社會學科類						
	自然學科類						
	第二外國語文類	2~4	2~4	2~5	2~5	2~21	2~21
	藝術與人文類						
	生活、科技與資訊類						
	健康與休閒類						
	全民國防教育類						
	生命教育類						
	生涯規劃類						
	其他類						
選修學分數上限小計		4	4	5	5	21	21

還有，在高三選修課程的規劃上，98課綱雖然將「學科」與「藝能科」分開計算學分，然而「選修學分上限」竟然是「學科」學分上限與「非學科」學分下限的總和。在半年就學測、一年就指考的壓力下，請問哪一類的學分會被「極大化」，哪一類又會被「極小化」？

✦ 高中不分組，可行嗎？

看完高中的課程規劃，就會衍生出下一個問題：與其採用這樣的課程規劃，爲何不恢復以前的「高中不分組」方式招生？

實務上根本行不通。

因爲在以前教育不普及的年代，「省中」與「大學」都是菁英份子的天下，能考上「省中」的已屬鳳毛麟角了，更何況是考上大學呢？然而現在廣設高中、大學的情況下，「七分考大學」都已不是新聞。要拿今日高中、大學的學生素質和當年的「省中」與「大學」相提並論，根本是不可能的事。

如果要恢復以往的高中不分組，何不先把現在的高中、大學數量減到跟三、四十年前一樣再說？

而且，各學科近幾十年的發展也是一日千里。姑且不論幾十年前物理化學只算一科的情況，光是這十幾年的史地教材內容就有大幅度的變動[29]。更何況，在「九年國教」、「九年一貫」的情形下，有很多中小學的教材都移到了高中以後再教（然而大學所要具備的「基本能力」不會因此改變），一個高中生在短短三年要吸收這麼多的東西（國中小應該學的，再加上現在新增的）已非易事，相對於文組在高二的時候就致力於其專業，理組的學生不單要面對自己的專門領域，還需修讀文組的專業（可不像文組修讀生物、地科那般輕鬆），如此一來只有兩種可能：

㉙ 比方說歷史科的各類「史觀」、地理科的「地理資訊系統」（GIS）等等，在十幾年前哪有這些東西？你還眞不能說「大人不會，小孩子就不用學」。

1. 理組生的資質都非常的優秀。

2. 理組生要上補習班。

你想會是哪一種人占多數？

✦ 多少人補習？——教育當局不願面對的真相

這麼說並不是瞧不起理組的同學，而是陳述一個事實：每個人一天都只有 24 個小時，在同樣的時間下要兼顧比他人更多的課業要求，勢必會產生「備多力分」的結果，更何況從高一到高二，理科的修讀時間相較於史地只少不多。

在上述的情形下，「理組生必須依靠補習」這樣子的假設其實是很合理的。姑且不論共同科目（國英數）的補習情況（因爲要分辨整體考生多少文組、多少理組是很困難的事），我們就只看理組的「專業」：物理、化學、生物這三科，統統沒補習的有多少人？

下面所列的是某化學補習班 2007 年到 2009 年化學指考榜單㉚，我將它和全國化學指考成績人數統計做個對照：

年份	2007			2008			2009		
分數	全國考生	該補習班考生	占整體比率（%）	全國考生	該補習班考生	占整體比率（%）	全國考生	該補習班考生	占整體比率（%）
90~100	834	57	6.83	205	15	7.31	546	25	4.58
80~89	2502	114	4.55	1564	66	4.22	2029	112	5.52

乍看之下這份榜單沒什麼特別之處，但倘若你知道這家補習班榜單上面的學生全在臺北念書，這件事情有多嚴重，你我心知肚明。

㉚ http://cch-pro.com.tw/cetacean/front/bin/ptlist.phtml?Category=152035。

如果這家補習班的榜單沒有灌水的話，那我們眞該好好檢討：爲何一家「單科」補習班可以「掌握」這麼多高分群的考生？如果將物理、化學、生物所有補習人口加起來，又會是怎樣的局面？

不要怪這些補習班愛「宣傳」，事實上，如果沒有這些補習班「勇於」公布榜單的話，現在高中生補習的情況根本無從掌握起。不公開檢視這些資料，就像把頭埋在沙堆的鴕鳥，只是刻意忽略已發生的問題而已（同樣的，要求高中不公開大學錄取榜單，其心態不也如出一轍？）。

✦ 為何不說是「大學選才」有問題呢？

個人之所以對「高中不分組」產生如此疑惑，除了前面講的「實務問題」以外，另一個原因則在於部分學系招生方式的大幅度變化。撇開僅採計國英數的商科校系不提，台大工商管理學系分兩組（自然、社會）招生早已行之有年，台大地理自 2006 年指考也開始招收文組生，交大管科則在 2005 年從純理組招生變成只看國英數，更令人訝異的是，台大農推改名爲「生物產業傳播與發展學系」之後，指考招生從純理組變成了純文組！

這是高中端分組的問題？還是大學選才的問題？既然大學指考採計考科都可以做一百八十度的轉變，爲何一定要「高中不分組」來遷就大學而非「大學多元選才」？

從另一方面來說，我對於高一選組沒有意見，但重要的是：不能因爲分組，就失去了跨領域（學習）的交流。高中分組之後對於吸收專業領域以外的知識毫無興趣，也不想與這些人往來，才是臺灣高中生最大的問題。

✦ 更彈性的選課方式

寫到這裡，其實我的心中是沒有熱血的。

我當然希望學生能有更多的選課自由，我也企盼學生能在高中時接觸不同領域。但所有的理想一旦列入政策，就全部淪爲表面功夫，「高中不分組的課綱」純粹是滿足當局的意淫，而高三「四十二學分的選修不能修」就像「輔導課上正課」一樣早成爲公開的秘密。在這種情況下，我也只能退而求其次，以「彈性選課方式」作爲替代的主張：

高一	歷史、地理、物理、化學、生物、地科		
	每科三學分		
高二	歷史、地理	物理、化學	生物、地科
	模組課程，三選二		
高三	歷史、地理	物理、化學	物理、化學、生物

如上表所示，高三課程並無任何變動，還是按照傳統的分組模式進行，而在高一課程上，則加重自然科的授課時間，讓同學對自然科（尤其是物理、化學）有更清楚的掌握，避免在時間不足的情況下影響未來（高二以後）的學習。

最關鍵的是高二的課程安排，如果改成三組課程、三選二的方式，不但有更彈性的選擇空間，「兩組課程」也較接近一般學生所能負荷的學習量。除了讓文組生有接觸自然科的機會，理組生 (尤其有志於三類組的學生) 也不會「被強迫著」一定要念史地課程，而能花更多時間在自己想鑽研的領域 。

最後之所以寫這麼一大段，不單是闡述自己的主張，也是對教育當局的公開呼籲：一切的改革，從「眞誠」開始。

後記：教改亂搞 全民亂考

約莫 2009 年 4、5 月吧，那時嚴長壽先生在台大管理學院有一場演講。

作爲第一位提問者，我向嚴長壽先生請教，他對於台灣社會只重視「表面功夫」的惡習有何看法。

時至今日，我早已忘記當時嚴先生給我的答案是什麼，但是我看到了這些虛有其表的假象背後，所引發的問題。

那是我第一次興起「以個人經歷的教育環境爲背景」進行創作的念頭。

只是沒想到，兩年過去了，荒謬的教育現象發生的速度，竟然比我寫文、校對的速度還來得快。

就拿年年上演的「榜首落誰家」來說好了，從今年 7 月 20 日《中國時報》的報導得知，當今年一類組全國榜首並非來自一般認知的「第一志願」，而是落在師大附中的時候，建中北一女校方「不約而同」向媒體解釋，「整體升學表現」，應該要看「學測加指考」的總和才算數：

指考成績揭曉，今年第一類組榜首由國立師大附中許捷以五三五．九分奪下，成為附中創校以來首位第一類組狀元。

同時，升學考試中關鍵科目的數學，師大附中都有直追建中、北一女中之勢，北一校長張碧娟承認近年附中的進步，但勝負要看申請、指考及其他入學管道的總和。

第一類組榜首由師大附中許捷以五三五．九分奪下，張碧娟乍聽到此一訊息有點驚嚇，而建中代理校長徐建國表示，建中優秀的學生很多都已入學，廿九位學測滿級分，有廿八位已入學。

張碧娟表示，北一女許多優秀的孩子在申請入學管道已精銳盡出就定位，指考當然就會少一點，要申請入學加指考的總和來看才公平，才算得出決勝點。

建中北一校方會有這種舉措也不是第一次，因爲根據2008年7月18日《聯合晚報》的報導，當成功高中學生拿下二類組榜首的時候，當時建國中學教務主任也提出了類似的看法：

建中過去幾乎都包辦北北基各類組的榜首，但今年第二類組榜首卻由成功高中奪得。建中教務主任常月如表示，「拿榜首成績來評論一個學校升學好壞毫無意義，重要的是看學生整體表現」。

常月如說，建中今年指考各科頂標都比全國頂標高很多，也遙遙領先各校。「更何況我們也有350名學生早先就以推甄上了台大。」常月如堅持，以整體表現來說建中仍是全國第一。

我不是要否定這些「第一志願」的辦學能力，因爲這些學校的確培育出了許多優秀的學生。同樣的，在考科可以由校系隨意選擇，更何況根據〈100學年度大學考試入學分發招生簡章〉可知，超過850個有採計社會組科目(指歷史、地理、公民)的系組中，採計公民科的只有169個。在超過八成的校系皆未採計記公民科的情況下，要拿「六科成績總和」去評斷誰是「文組榜首」也是大有問題。

不過看到這些「第一志願」的教師與行政人員的「大聲疾呼」，總讓我覺得有點搞笑。因爲從 1964 年 8 月 22 日《聯合報》第二版的報導得知，在近五十年前，當時的招聯會主委閻振興針對「聯考不再公佈榜首」這項決定，也向媒體發表了相同的論述：

五十三年大專學校聯合招生，定本月二十四日起分組發榜，聯招會宣布，今年決不發表聯考「狀元」姓名。

招會主任委員閻振興說，各中學最優秀畢業生獲得保送升學者，共有數百人，他們的在學成績，遠超過所有參加聯考的學生，因此，在聯考中獲得最高分的學生，並不是應屆高中畢業生中最優秀的學生，所以不值得「表揚」。

他說，往年發表了聯考「狀元」姓名，不僅作為若干私立補習班招生宣傳的對象，而這些「狀元」學校學生，也成了特殊分子，對學校、對學生本人，都有不良影響。

有意思吧！雖然「建中北一校方」與五十年前「招聯會主委」對媒體發表的內容幾乎一模一樣，但「目的」卻是截然相反的：前者是爲了捍衛第一志願的既得利益，後者卻是希望藉由「保送大學學生」打破明星高中的迷思。

國中基測的問題也是如此。2008 年 11 月，前教育部長鄭瑞城接受《商業周刊》1096 期專訪時，針對國中基測發表了他的看法：

我有次聽到教育界的人說考一次太危險，所以要考兩次；那我說考兩次會不會太危險，那要不要考三次？

「部長的話」言猶在耳，近日看了報紙才知道，原來從2012年開始，國中基測都不再有「第二次機會」了。

而從我考國中基測到現在，還不到十年的光景。

身爲「第二屆國中基測」的白老鼠，我只感覺自己像是被人耍了、上當受騙了一樣。

而所有荒謬的教改怪象中，最荒謬的莫過於「大學畢業生調查」了。以下爲今年遠見雜誌3月號特刊《13000個公職等著你》摘錄的報導：

《遠見》雜誌與104人力銀行首度合作進行的「公職考了沒」網路大調查，結果發現接近四成受訪者表示，最想從事的行業就是公務人員，遠高於科技業及服務業。

這群年齡以21至40歲為主的大學生、上班族及待業中的受訪者表示，想從事公務人員的比例達到38.11%，遠高於其他科技業的12.02%及服務業11.54%......。

無獨有偶，在一項青輔會的調查報告中，也出現了類似的結果：

大多文、法、商農科畢業生，需要輔導的人員佔總人數三分之二，可見各該科學生就業較為困難。請求輔導的學生，仍然以服公職為最多，佔百分之四十二點五，工業次之，商業再次之......。

問題是，青輔會的調查報告是針對1966年的大學畢業生做的，調查結果則是刊登於1967年《教育與文化》358、359期。換句話說，兩者調查的時間相差了至少四十四年。

也許你會說唉呀這是冷門科系、文組生才有的問題，我念的是理工科，這不干我的事吧。

不過根據 2010 年 12 月 14 日 YAHOO ！奇摩話題針對李家同專訪整理 (http://tw.topic.yahoo.com/newtopic/article/tw-features.yahookimo.com.tw/twfeaturesyahookimocomtw_201012141919) 當中，我所看到的是，即便在當年，理工科的也不見得那麼「好混」：

現在學生比較會玩，這也正常，因為玩的機會比較多。我們那些同學之所以比較用功，是因為在台灣找不到工作，即使台大電機畢業也紛紛想出國，因為想出國，大家就很用功。

其實我那時用功，也不是想追求真理，就是因為想出國，所以要把成績搞好。

相較於今日，四五十年前台灣的「大學之門」只能算是「門縫」，如果當年大學畢業生都有就業問題，顯然表示當年的大學畢業生就已缺乏「競爭力」。檢討到現在，「七分上大學」都已經不是新聞了，還要來批評現在的大學生是「草莓族」、沒有競爭力，這樣的質疑實在沒什麼道理，也沒什麼意義。

作家馬克吐溫有句名言：眞實人生往往要比小說還要離奇，因爲眞實人生不需要顧及可能性。

但是政策呢？

一個絲毫不顧「可能性」的政策所造成的，第一次是悲劇，第二次以後往往就變成鬧劇了。

而且這齣「鬧劇」，不但是過去式、現在式，還有可能是未來式。

就拿技職體系來說好了。四五十年前，那時候的職業教育(不管是「高職」還是「專科」)，除了「插大」或「保送專科」(職校)、「保送師大」(師專)以外，幾乎沒有任何升學管道。然而當時，還是有很多明星職校、專科的錄取率不輸給一般公立高中。換言之，那時候的「好專科」、「好職校」就是名副其實的好學校 。

可是伴隨著「廣設大學」而生的，是「科技大學」、「技術學院」數量的增加，因此現在所聽到的論述是「與其念普通高中考上後段大學，不如念明星高職考上國立科大」。所以說，現在的明星高職「純度」有多少頗令人懷疑。再加上「高職免學費」的利多釋出，上述的問題都被眼前的「近利」所掩蓋了。如果教育當局不正視此一現象，未來很可能就像嚴長壽先生在《教育 應該不一樣》書中所擔心的，只會讓職業學校變成另一個「升學戰場」。

猶記得 2010 年夏天某場清大學生電影映後座談上，孫中興教授曾發表一段談話，大意是：「台灣拍不出像昆汀．塔倫提諾那樣的黑色幽默影片，因爲台灣社會本身就是個黑色幽默。」

面對如此荒誕的現狀，我還能說什麼呢？

唉，教改亂搞，全民亂考。

。隨。手。記。

教改：不能說的秘密 / 李大任作. -- 第一版. --
臺中市：十力文化, 2011.11
面；　公分
ISBN 978-986-85668-6-6（平裝）

1. 教育改革 2. 臺灣教育 3. 文集

520.933　　　100020594

書　　名：教改 不能說的秘密

作　　者：李大任

責任編輯：郭燕鳳
封面設計：王智立
封面繪圖：劉鑫鋒
行銷企畫：黃信榮

出 版 者：十力文化出版有限公司
公司地址：408 台中市南屯區文心路一段 186 號 4 樓之 2
通訊地址：台北郵政 93-357 信箱
電　　話：02-8933-1916
網　　址：www.omnibooks.com.tw
電子郵件：omnibooks.co@gmail.com
統一編號：28164046

劃撥帳號：50073947
戶名：十力文化出版有限公司

出版日期：2011 年 12 月
版　　次：第一版第一刷
書　　號：L101
定　　價：299

ISBN–13：978-986-85668-6-6

十力
文化

十力
文化